La cocina de los Estefan

LA COCINA DE LOS
ESTEFAN

EMILIO & GLORIA ESTEFAN

A CELEBRA BOOK

Celebra
Published by New American Library, a division of
Penguin Group (USA) Inc., 375 Hudson Street,
New York, New York 10014, USA
Penguin Group (Canada), 90 Eglinton Avenue East, Suite 700, Toronto,
Ontario M4P 2Y3, Canada (a division of Pearson Penguin Canada Inc.)
Penguin Books Ltd., 80 Strand, London WC2R 0RL, England
Penguin Ireland, 25 St. Stephen's Green, Dublin 2,
Ireland (a division of Penguin Books Ltd.)
Penguin Group (Australia), 250 Camberwell Road, Camberwell, Victoria 3124,
Australia (a division of Pearson Australia Group Pty. Ltd.)
Penguin Books India Pvt. Ltd., 11 Community Centre, Panchsheel Park,
New Delhi - 110 017, India
Penguin Group (NZ), 67 Apollo Drive, Rosedale, Auckland 0632,
New Zealand (a division of Pearson New Zealand Ltd.)
Penguin Books (South Africa) (Pty.) Ltd., 24 Sturdee Avenue,
Rosebank, Johannesburg 2196, South Africa

Penguin Books Ltd., Registered Offices:
80 Strand, London WC2R 0RL, England

Published by Celebra, a division of Penguin Group (USA) Inc. Previously published in a Celebra hardcover edition
and a Mosaico trade paperback edition.

First Celebra Trade Paperback Printing, September 2011
10 9 8 7 6 5 4 3 2 1

Photographs courtesy of Moris Moreno Photography, except photographs on pages 2, 6, 10, 46, 70, 132, 162, 184,
and 212 courtesy of the Estefan Family Archives.

CELEBRA and logo are trademarks of Penguin Group (USA) Inc.

Celebra Trade Paperback ISBN: 978-0-451-23617-3

THE LIBRARY OF CONGRESS HAS CATALOGUED THE HARDCOVER EDITION OF THIS TITLE AS FOLLOWS:
Estefan, Emilio.
  Estefan kitchen/Emilio Estefan, Gloria Estefan.
    p. cm.
  ISBN 978-0-451-22518-4
  1. Cookery, Cuban. 2. Food habits—Cuba. I. Estefan, Gloria. II. Title.
  TX716.C8E74 2008
  641.597291—dc22   2008006765

Set in Whitman
Designed by Pauline Neuwirth, Neuwirth & Associates, Inc.

A Consuelo, Nena y Mamá Gloria,
que nos alimentaron con montones de amor y comida. . .

Índice

———⚬⚬⚬———

SOPAS

PLATOS FUERTES

GUARNICIONES

SÁNDWICHES

POSTRES

BEBIDAS

La cocina
de los
Estefan

LOS ABUELOS DE GLORIA,
CONSUELO Y LEONARDO GARCÍA

Introducción

GLORIA ESTEFAN

ICEN QUE CON la música se llega al alma de las personas y con la comida al corazón.

Aunque la gente me conoce por mi música, desciendo en realidad de un largo linaje de cocineros, tanto por el lado materno como por el paterno. La cocina cubana estuvo, desde el principio, en el eje de mi formación cultural.

Mi bisabuelo, el padre de mi abuela Consuelo, fue un cocinero renombrado y trabajó como jefe de cocina para dos presidentes de Cuba. Su hija, mi abuela Consuelo, fue también una cocinera maravillosa. Salió de Cuba con mi abuelo cuando tenía cincuenta y seis años. En aquel momento, el gobierno cubano no permitía a nadie sacar del país sus bienes personales. Llegaron a los Estados Unidos con los bolsillos vacíos, pero llenos de integridad, determinación y esperanza. Y así fue que le dijo a mi abuelo: "Tengo una idea. Si funciona, todo va a salir bien. Si no, tendremos que irnos a vivir bajo un puente".

Ella creía que si uno hace lo que ama, la gente amará lo que uno hace. Y su amor era la cocina.

Había alquilado una casa, cuyo patio daba a un parque de Miami, donde se realizaban los juegos de las ligas infantiles. Un día decidió hacer croquetas, tamales y sándwiches de pan con lechón, comidas todas que se podían trasladar cómodamente, colocándolas en un carrito de compras. Caminó con el carrito hasta el parque, y el mismísimo primer día vendió todo lo que había llevado. Así sin más ni más, la cocina se convirtió en su medio de vida. Su espíritu emprendedor fue recompensado. Al poco tiempo, ya ganaba $5000 cada fin de semana, lo que se consideraba un verdadero éxito para un negocio casero en los años 60.

Cuando el negocio se hizo popular, comenzó a ofrecer servicios de comida para bodas, fiestas de quince y otras ocasiones, a sus clientes y amigos. A pesar de que las ventas crecían, continuó preparando ella misma toda la comida. Yo vivía con abuela Consuelo, de manera que pasaba los días enteros en la cocina, ayudándola y viéndola cocinar. Y todavía hoy, muchos de mis recuerdos más entrañables son de los momentos que pasé junto a ella.

A abuela le encantaba darme de comer; hizo de ello su misión. Según ella, yo estaba demasiado delgada. En realidad, mi peso y tamaño eran normales, pero para los cubanos lo normal aún se considera "flaco". Ella hacía cualquier cosa con tal de que yo comiera más. Solíamos comenzar la comida sentadas en la mesa de la cocina y me daba la última cucharada en el mostrador de la carnicería, tres cuadras más allá. No podía parar. Decía: "A ver, ahora otra más" y "otra más" y así hasta el final. Para ella era vital que yo comiera.

Y mantuvo esta obsesión constante por alimentarme durante toda mi crianza. Se las pasaba tratando de hacerme comer y preparando las cosas que me gustaban. Aunque, tengo que confesarlo, no soy ninguna mártir. ¡Me encantaba todo lo que cocinaba! Había tanto amor en sus platillos que, hasta el día de hoy, creo que el amor y la comida están estrechamente ligados.

No guardo ni un solo recuerdo de mi abuela Consuelo en el que ella no esté cocinando. Para ella, cocinar era su vida, su arte y el sustento de su familia en todos los sentidos.

Mi abuelo, por el lado paterno, fue también un increíble y exitoso cocinero. De hecho, fue el gerente de uno de los primeros restaurantes cubanos de Miami: el Salón Tropical. Recuerdo cómo lo observaba cuando venía de visita a casa de mis padres y cocinaba para nosotros.

Gracias a esas experiencias y a las influencias que recibí en mi vida desde edad temprana, nunca he necesitado cocinar siguiendo una receta. Al igual que mi abuela, soy ingeniosa y hábil. Puedo preparar una comida prácticamente con cualquier ingrediente que encuentre en el refrigerador.

El sueño de mi abuela fue siempre el de abrir un restaurante. Cuando mi abuelo murió, tuvo que mantener sola el negocio de comidas. Era fuerte y se las arreglaba bien, pero aún así nunca realizó su sueño de tener un restaurante.

Muchos años después, cuando Emilio y yo triunfamos con nuestra música, se nos dio la oportunidad de abrir uno en Miami Beach. Los dos sentíamos realmente que ello era una extensión de lo que ya habíamos alcanzado con la música, que era dar a conocer nuestra cultura al mundo. Era otra forma de mostrar a nuestros *fans* quiénes éramos; no sólo a través de nuestra tradición musical, sino también de la culinaria.

Los restaurantes nos permitieron unir ambos universos. En cada uno de ellos, usted se hallará siempre rodeado de música cubana mientras cena. Así tendrá comida y música, dos de las mejores cosas del mundo. Para los dos, fue simplemente una evolución natural. Y para mí, tenía el encanto adicional de convertir en realidad el sueño de abuela. Para entonces ya no estaba junto a nosotros, pero fue algo que siempre quise hacer, por nuestra cultura, pero sobre todo por ella.

Nuestros restaurantes permiten a personas de todo el mundo descubrir la comida cubana, y aprender más acerca de nuestra cultura y tradición, Y, muy a menudo, se quedan sorprendidas. En general, la gente piensa que los cubanos comemos con mucho picante, lo cual no es cierto. Acostumbramos a adobar mucho los alimentos, de modo que quedan muy sabrosos, con un gusto fuerte, pero no muy picante.

En este libro, pretendemos compartir con ustedes nuestra cultura y nuestra comida. Los que gustan de nuestros restaurantes podrán preparar sus platillos preferidos en casa. Y quienes aún no los han visitado, pueden disfrutar de los excelentes platos que preparamos en ellos, y en nuestro hogar.

Nos sentimos honrados de ponerlos a su disposición, como lo hacía mi abuela: con amor.

LOS PADRES DE EMILIO, CARMEN ("NENA")
Y EMILIO ("CAPE") ESTEFAN]

Introducción

EMILIO ESTEFAN

T ENGO LA FIRME convicción de que la tierra en que uno nace deja una huella indeleble en el alma. El lugar de nacimiento trasciende las fronteras geográficas y se convierte en la cultura propia. Mi cultura vive en mi mente y en mi corazón.

Algunos sabores y olores permanecen en la memoria y se remontan hasta la niñez. Yo viví en Santiago, en la región oriental de Cuba, hasta los trece años. Y siempre que huelo o pruebo la comida cubana, me asaltan recuerdos de aquellos tiempos, de la familia, de mi infancia.

Para los cubanos la comida es una celebración; no sólo en los días de fiesta, sino en cualquier ocasión en que nos sentamos a la mesa con familiares y amistades. Para nosotros, la comida es mucho, mucho más que el simple acto de alimentarse. Tiene que ver con nuestra herencia, cultura y tradición.

He tenido la suerte de viajar por todo el mundo, y me gustan casi todos los tipos de cocina que en él puede uno hallar. Me encanta la comida libanesa (soy en parte libanés), la comida italiana y la española, pero la que más me gusta es la comida tradicional cubana, la comida criolla, como solemos llamarla. Es mi favorita, por su sencillez. Por lo general, los condimentos que usamos son el ajo, el limón o la naranja agria, y la cebolla. Usamos esa sencilla mezcla como adobo, o los mezclamos y salteamos para hacer un sofrito, que es el corazón de tantos de nuestros platos.

La comida cubana forma parte de lo que soy. Me conecta con mi pasado y me ayuda a mantener viva la tradición para mis hijos. Quiero que conozcan lo que yo disfruté desde la infancia y crearles recuerdos propios cuando sientan el aroma dulce del arroz con leche o el fuerte olor de una colada de café cubano.

Gloria y yo hemos sido muy afortunados de haber podido vivir el "sueño americano", especialmente porque somos dos personas que salimos de Cuba sin nada.

Nuestras raíces culturales tienen una gran importancia para nosotros, y jamás hemos olvidado de dónde venimos. De hecho, nos hemos trazado la misión de dar a conocer nuestra cultura y tradiciones no sólo a nuestra familia, sino también al mundo. Primero lo hicimos con la música y luego, cuando tuvimos la oportunidad, lo hicimos con nuestros restaurantes. Estos son nuestra forma de invitar a la gente a nuestra mesa, y de darles a probar los platos con los que crecimos, y que todavía disfrutamos y compartimos con los familiares y amigos.

El éxito de nuestros restaurantes prueba que a la gente le gusta la comida cubana tradicional tanto como a nosotros. Nuestro *Bongos Cuban Café* en *Walt Disney World*, Orlando, es más que un restaurante; es un sitio de referencia ya histórico que pone la comida cubana en el centro y a la cabeza entre las gastronomías del continente americano. Es un tributo a nuestros padres, que nos dieron tanto y trabajaron tan duro para que pudiéramos tener oportunidades en este país. Y es una celebración de nuestra herencia, de la cual ellos querían que viviéramos orgullosos. *Bongos Cuban Café* es el testimonio vivo de que jamás olvidaremos a Cuba, a nuestros padres, ni a nuestras familias. Para mí, es una maravillosa oportunidad de compartir nuestra cultura, y de mantener un pedazo de nuestra patria fuera de la isla.

Nuestro primer restaurante, *Larios on the Beach*, abrió sus puertas en 1992 en el famoso Ocean Drive de Miami Beach. Ahora opera bajo la marca *Bongos Cuban Café* y es uno de los restaurantes más populares de South Beach.

Bongos Cuban Café fue uno de los primeros restaurantes inaugurados en el centro de Disney y hoy, diez años más tarde, sigue siendo uno de los más importantes de *Walt Disney World*, el lugar más "americano" del planeta. El menú ofrece comida cubana típica: comida criolla. Pero ha sido un rotundo éxito entre gente de todo el mundo, que viene, la prueba y se enamora de nuestro estilo culinario. La popularidad de *Bongos Cuban Café* en Disney nos indujo a abrir otro en Miami y, recientemente, en Puerto Vallarta, México, y en el Aeropuerto Internacional de Miami.

El deseo de compartir nuestra comida y nuestra cultura con cada persona, tal como lo hemos hecho con nuestra música, es lo que nos ha inspirado a escribir este libro. Por primera vez damos entrada a nuestra cocina y revelamos nuestras recetas y técnicas, para que usted pueda disfrutar del sabor tradicional de Cuba ¡en casa! Estas recetas vienen de nuestra patria, de nuestras familias, de nuestros corazones.

¡Que siga la tradición!

Aperitivos

GLORIA COCINANDO CON SU HIJA EMILY

L A MAYORÍA DE los aperitivos que hemos incluido aquí son platos que servimos en nuestros restaurantes. Son, además, algunas de las comidas básicas de la cocina cubana. Cosas que vi a mi abuela preparar durante toda mi vida.

El que los llamemos "aperitivos" no significa que sólo tengamos que servirlos antes del almuerzo o de la cena. De hecho, si usted se come una ración completa de estos aperitivos, no le quedará mucho espacio para más. (Aunque nosotros los cubanos hacemos el espacio, pase lo que pase…)

En general, cuando nos reunimos con nuestros familiares y amigos, siempre hay mucha música y muchos platillos como éstos para "picar". Todos estos aperitivos son excelentes para reuniones, ya sean grandes o pequeñas. Podemos tomarlos, devorarlos en un dos por tres y seguir bailando, pues el baile es el corazón de nuestras fiestas.

Se pueden servir además como "tapas" cubanas y dejar que la gente pruebe y comparta varias de ellas, y, claro está, puede servirlos también como plato fuerte. Muy a menudo, servimos las masitas de puerco, que son trozos de puerco fritos, como una comida. Ponga algunos de estos cubitos macizos de carne con un poco de arroz, frijoles y plátanos maduros o tostones, y ya tiene una comida cubana completa.

Y lo mismo se puede decir de las croquetas de jamón. Es una comida versátil, que sirve como aperitivo, merienda o plato fuerte. Las croquetas de jamón se sirven solas o con galletas, para el desayuno o el almuerzo, como bocadillos para las fiestas, y con arroz, frijoles, y yuca o plátanos, para la comida. Incluso las comemos en sándwich.

Como probablemente habrá observado, no hay muchas ensaladas ni vegetales en la cocina cubana. Los únicos vegetales que se usan son prácticamente el plátano –que nos encanta–, la yuca y la malanga. Es realmente un estilo gastronómico caribeño, basado en lo que se cosecha en las islas.

Algunos de los platos se parecen a los de otras culturas. Por ejemplo, siempre que brindo una papa rellena a algunos de mis amigos, y me preguntan qué es, les digo: es un *knish* cubano. Son bolas de puré de papa, rellenas con carne, que luego se rebozan y se fríen.

La cocina cubana, sin embargo, tiene influencias de muchas y diversas culturas. Gran parte de las ideas proviene de España, porque los españoles fueron quienes colonizaron y gobernaron la isla por mucho tiempo. Pero Cuba es una mezcla de muchas nacionalidades, entre ellas la francesa, la inglesa y la china. Y la africana, está de más decirlo, aportó muchísimo a nuestra cultura.

De todas estas influencias, se desarrolló nuestra cocina propia, y estos aperitivos ofrecen de ella ejemplos variados.

—Gloria

MASITAS DE PUERCO

Masitas de puerco

(TROZOS DE CERDO FRITO AL ESTILO CUBANO)

※

Las masitas de puerco *son un plato típico cubano, nacido en el campo de la isla. Cuando se mataba un cerdo, se dejaban trozos de carne en adobo de un día para otro, que al ser fritos al día siguiente estaban saturados de sabor. Así era cómo se preparaban originalmente.*

Una de las mayores virtudes de las masitas de puerco es que sirven para diversos fines. A menudo se sirven como plato fuerte, con tostones o plátanos maduros, y congrí. Para las fiestas, puede picarlas en trozos del tamaño de un bocado, ponerles pinchos y ofrecerlas como entremés.

—Emilio

※

RINDE DE 4 A 6 PORCIONES

2 tazas de mojo
(vea la receta en la página 159)

3 lb. de lomo de puerco

1 pizca de comino en polvo

2 hojas de laurel

1/3 de taza de aceite vegetal

1 cebolla mediana, pelada y picada en rebanadas finas

1. Prepare el mojo.

2. Pique la carne de puerco en cubos de 1″ x 1″ x 1″ y colóquelos en una bandeja de asar grande.

3. En un tazón pequeño, mezcle, batiendo, el mojo y el comino. Luego, vierta la mezcla sobre los trozos de carne de puerco, agregue las hojas de laurel y cubra la bandeja con plástico de envolver. Ponga la bandeja en el refrigerador y deje la carne en el adobo de un día para otro.

4. Saque la carne del refrigerador y caliente el aceite a 350° F a fuego mediano. Luego, con una espumadera, saque el puerco del mojo, escurriendo el exceso de adobo sobre la bandeja, y fría la carne durante unos 10 minutos, volteándola a los 5 minutos, hasta que esté crujiente y dorada. Agregue luego las cebollas y saltéelas hasta que queden transparentes.

5. Pase las masitas a la fuente de servir y sírvalas calientes.

Papas rellenas

(BOLAS DE PURÉ DE PAPA, RELLENAS CON CARNE DE RES MOLIDA Y REBOZADAS)

⸺⦿⸺

L as papas rellenas *son una de las comidas predilectas de mi hija. Le gustan desde que era bebé. Nadie las hace tan ricas como mi abuela, pero éstas se parecen bastante.*

Siempre que veo una papa rellena, veo a mi abuela sosteniendo en las manos ahuecadas un poco de puré de papas y amasándolo en forma de bola. Puedo ver, como si estuviera delante de mí, todo el proceso: cómo llenaba la semiesfera con carne de res molida y cubría la carne con más papa. Luego, la rebozaba toda y la freía en aceite.

El producto terminado es básicamente un knish cubano. Así se lo explico a mis amigos que no son cubanos. La diferencia está en los condimentos.

Si usted está tratando de consumir menos calorías, no le recomiendo comerlas todos los días. Pero puede servirlas como aperitivo, o para el desayuno, como lo hacemos a veces nosotros.

—Gloria

⸺⦿⸺

RINDE DE 16 A 20 PAPAS RELLENAS

picadillo (ver receta en la página 87)

6 papas *Russet* grandes

1 pizca de sal, para hervir las papas

½ cucharadita de sal

2 dientes de ajo, triturados

1 frasco de aceitunas rellenas

4 huevos

1 taza de galleta molida (se puede sustituir por migas de pan sin sazonar)

¼ de taza de harina de trigo

aceite vegetal, para freír

1. Prepare el picadillo y déjelo enfriar.

2. Pele las papas, córtelas en cubos y colóquelas en una olla mediana. Cúbralas con agua y agrégueles la pizca de sal. Ponga las papas a fuego alto hasta que empiecen a hervir, luego reduzca la intensidad del fuego a mediano, y luego a fuego lento hasta que se ablanden (unos 20 minutos aproximadamente). Escurra las papas, vuélvalas a poner en la olla y sacuda un poco la olla sobre el fogón, durante un minuto, para que se evapore cualquier resto de agua. Pase las papas a un tazón grande. Añada sal y ajo a gusto. Con un pasapurés, hágalas un puré y déjelo enfriar completamente.

3. Ponga papel encerado sobre dos bandejas de hornear grandes.

4. Con una cuchara de servir helado, tome una cucharada grande de puré de papas y divídala en dos semiesferas. Con los dedos, forme un tazoncito con cada semiesfera. Llene una de las mitades (hasta el borde del tazoncito) con picadillo. Llene la otra mitad hasta ¾ de su capacidad, ponga una aceituna en esta mitad, dejando que sobresalga un poquito. Una las dos mitades para formar la bola, pellizcando las uniones para asegurar que no se abran al cocinarse. Luego, alíselas con las palmas de las manos. Repita el proceso con el resto del puré de papas y el picadillo, colocando las papas rellenas preparadas en una de las bandejas de hornear.

5. En un tazón grande, bata los huevos. Mezcle la galleta molida y la harina en otro tazón grande. Sumerja las papas rellenas en los huevos batidos, en grupos de más o menos cuatro. Deje que drenen el exceso de humedad, colocándolas en un colador sobre el tazón que contiene los huevos. Luego, reboce en la mezcla con harina las papas rellenas humedecidas, asegurándose de que queden cubiertas por todos los lados.

6. Coloque las papas rellenas rebozadas en la segunda bandeja de hornear y cúbralas con plástico de envolver. Coloque la bandeja en el refrigerador por 3 o 4 horas.

Secreto de la cocina

Las papas rellenas preparadas se pueden congelar de un día para otro, o durante varios días. No las descongele antes de freírlas, sino que varíe el tiempo de cocción según sea necesario para garantizar que queden completamente cocidas..

PAPAS RELLENAS

7. Llene una sartén grande con aceite vegetal, justo lo necesario para que cubra la mitad de una papa rellena, y caliéntelo a fuego mediano hasta alcanzar 360° F.

8. Con una espumadera, y cuidadosamente, coloque las papas rellenas en el aceite caliente y fríalas durante 4 o 5 minutos, hasta que estén doradas por todos lados; voltéelas una vez a la mitad del tiempo.

Secreto de la cocina

*E*n nuestros restaurantes, los chefs fríen las papas rellenas en una freidora eléctrica. Si usted tiene una, le recomendamos que la use porque así garantiza la uniformidad del color. Si usa una freidora eléctrica, caliente el aceite vegetal a 375° F, coloque una sola capa de papas rellenas en el fondo de la cesta y sumerja la cesta en el aceite caliente. Fríalas durante 3 o 4 minutos, hasta que estén doradas.

9. Pase las papas ya cocinadas a un plato grande forrado con papel toalla, para que se absorba el exceso de aceite, y déjelas refrescar entre 8 y 10 minutos. Páselas a la fuente de servir y sírvalas de inmediato.

Mariquitas

("CHIPS" DE PLÁTANO)

———✺———

A las mariquitas con frecuencia se les considera las chips cubanas. Para hacerlas se puede rebanar el plátano de la misma manera que rebana una banana para ponerla en el cereal, en un ángulo ligeramente oblicuo para que las tajadas queden más largas, o a lo largo para obtener tiras largas. Simplemente córtelas bien finas como lo haría para hacer las chips. (De hecho, puede comprar las mariquitas de plátano en la sección de papas fritas de los supermercados, pero nunca serán lo mismo que cuando se hacen en casa.)

Esta receta es una prueba más de lo versátil que es el plátano, y de las muchas formas que hemos hallado de usarlo en la cocina cubana.

Para añadir un toque de sabor, sírvalas acompañadas de un poco de mojo en un tazón pequeño, para que la gente las pueda mojar en él. No vierta el mojo sobre las mariquitas, porque se ponen blandas. Es mejor mojarlas al momento de echárselas a la boca. El mojo tiene un acentuado sabor a ajo, pero es delicioso. Tan sólo asegúrese de que todos prueben el ajo, para que puedan hablarse entre sí.

—Gloria

———✺———

RINDE DE 6 A 8 PORCIONES

4 plátanos verdes grandes

aceite vegetal

sal

½ taza de mojo, servido como salsa acompañante
   (ver receta en la página 159)

MARIQUITAS

1. Pele los plátanos. Con un rebanador de vegetales o rallador, corte el plátano en tajadas muy finas (del ancho que usted cortaría las papas para hacer *chips* de papa). Puede cortar los plátanos a lo largo o a lo ancho, según lo prefiera.

Secreto de la cocina

El cortar los plátanos a lo largo le permite usarlos para adornar con "esculturas" su plato cubano favorito. Para ello, coloque con cuidado dos o tres mariquitas (en posición vertical y de modo que se apoyen una contra la otra por la punta de arriba) en el plato fuerte o en la guarnición, para darle un poco de sabor y altura.

2. Llene una sartén grande con la cantidad de aceite vegetal suficiente para cubrir completamente las tajadas de plátano. Caliente el aceite a 360° F.

3. Fría las tajadas por tandas, colocándolas con cuidado en el aceite caliente para que éste no le salpique. No eche demasiadas tajadas, pues se quedarán pegadas entre sí. Voltéelas de vez en cuando y fríalas durante unos 5 o 7 minutos, hasta que queden doradas por ambos lados. Tenga cuidado de no freírlas demasiado.

4. Saque las mariquitas del aceite y póngalas en un plato forrado con papel toalla, para eliminar el exceso de aceite. Espere unos minutos. Espolvoréelas con sal, al gusto, y páselas a una fuente de servir.

5. Mientras fríe el resto de las tandas, coloque las mariquitas ya fritas en el horno, a 170° F, para mantenerlas calientes hasta que estén todas listas para servir.

6. Ofrézcalas con mojo como acompañante.

YUCA FRITA

Yuca frita

─────⦿⦿⦿─────

La yuca frita es nuestra versión de las papas fritas en tiras, o steak fries.

Es posible que, según el lugar donde viva, en las tiendas de su localidad llamen a la yuca mandioca o cassava. Es un vegetal muy rico en almidón, cuyo cultivo descubrieron los españoles a su llegada a la isla.

La yuca hervida es uno de los platos que servimos habitualmente como parte de nuestra cena de Nochebuena, nuestro tradicional festín navideño, y esta receta ofrece una manera excelente de aprovechar la que sobra convirtiéndola en un plato nuevo. Es una magnífica alternativa a las papas fritas.

Simplemente necesita cortar la yuca ya hervida en cuñas gruesas y freírlas de la misma manera que las papas. El resultado es una alternativa diferente a las papas; sabe delicioso.

—Gloria

─────⦿⦿⦿─────

RINDE 4 PORCIONES

2 libras de yuca

6 tazas de agua (aproximadamente)

3 cucharaditas de sal

aceite vegetal

1/2 taza de mojo, servido como acompañante (ver la receta en la página 159)

1. Pele y lave bien la yuca. Córtela en cuñas de aproximadamente 1" × 3" × ½". **(Nota: Las cuñas deben ser más o menos del tamaño de las papas en tiras o *steak fries*, pero cada cuña será de diferente tamaño. Estas medidas se indican sólo a modo de guía.)** Vierta agua y sal en una olla grande y deje

hervir el agua. Agregue las cuñas de yuca y deje que el agua hierva por segunda vez. Luego baje la temperatura de cocción y cocine, sin tapar, de 12 a 15 minutos aproximadamente o justo hasta que la yuca esté blanda.

2. Saque las cuñas de yuca del agua y colóquelas en un colador, para escurrir bien toda el agua. Luego, páselas a un plato y séquelas con papel toalla o con una toalla de cocina.

3. Llene una sartén grande con la cantidad de aceite vegetal suficiente para cubrir las cuñas de yuca (colocadas en una sola capa). Luego, caliente el aceite vegetal a 360° F. Importante: *No* sumerja la yuca hasta que el aceite haya alcanzado la temperatura adecuada para freír.

4. Cuando el aceite esté bien caliente, coloque las cuñas cuidadosamente para no salpicarse. Fríalas entre 6 y 8 minutos, hasta que ambos lados queden bien dorados.

5. Con una espumadera, saque la yuca del aceite y pase las cuñas a un plato forrado con papel toalla, para que se absorba el exceso de aceite. Espere unos minutos, y échele sal a gusto antes de servirla.

6. Si necesita freírlas en tandas, o si no ha terminado de preparar el resto de la cena, puede mantener calientes las yucas fritas colocándolas en el horno a 170° F hasta que las vaya a servir

CROQUETAS DE JAMÓN

Croquetas de jamón

Las croquetas *son un bocadillo sabrosísimo que servimos lo mismo en el desayuno, que en el almuerzo y la cena, o para picar en las fiestas. De modo que son muy, muy versátiles. Además, constituyen una manera excelente de estirar el presupuesto de la comida, al aprovechar las sobras de la cena para crear un plato nuevo y delicioso.*

Las más comunes, que son las que ofrecemos en los restaurantes, son de jamón, pero se pueden hacer prácticamente de cualquier cosa. No importa de qué tipo de carne sean las sobras, usted puede molerlas para hacer croquetas.

Mis croquetas favoritas son las que hacía mi abuela con bacalao. Pero usted puede prepararlas también de pollo, pavo, carne de res, de lo que quiera.

—Gloria

RINDE DE 20 A 24 CROQUETAS

2 cucharadas de cebolla blanca, picada

1 diente de ajo, triturado

6 cucharadas (3/4 de barra) de mantequilla

1/2 taza más 1 cucharada de harina de trigo, cernida

3/4 de taza de leche entera

sal

pimienta blanca molida

1 cucharadita de vino seco

1 1/2 taza (1 lb.) de jamón ahumado molido (o de carne de pollo, pavo, cerdo o res, cocida y molida)

2 tazas de galleta molida

6 huevos grandes

aceite de maíz, vegetal o de colza, para freír

3 limones verdes, cortados en cuñas

galletas de soda

1. En un molinillo para especies o en una batidora, muela el ajo y la cebolla picados.

2. En una ollita de fondo grueso, caliente la mantequilla a fuego mediano; reduzca luego la temperatura a fuego lento y agregue el puré de ajo y cebolla. Saltéelos durante 4 o 5 minutos, justo hasta antes que el puré se ponga dorado. Vaya agregando la harina, cerca de ¼ de taza cada vez, mezclando bien con una cuchara de madera tras cada adición.

3. Vierta la leche y cocine a fuego lento por 2 o 3 minutos, revolviendo constantemente con la cuchara de madera, hasta que la salsa se espese y pueda ver el fondo de la sartén al revolver. Retírela del fuego y añada la sal (a gusto) y la pimienta blanca (a gusto), el vino seco, el jamón molido (u otra carne cocida y molida); vuelva a colocar la olla al fuego y cocine a fuego lento por unos 4 o 5 minutos más, revolviendo frecuentemente.

Secreto de la cocina

El vino seco es un vino blanco seco para cocinar, que habitualmente puede hallar en los mercados latinos o en la sección de productos latinos de los supermercados locales. Si no lo encuentra en el supermercado de su localidad puede sustituirlo por un vino blanco seco de mesa.

4. Pase la masa de jamón a un tazón y déjela enfriar hasta que alcance temperatura ambiente. Cubra el tazón con plástico de envolver o papel encerado y póngalo en el refrigerador de un día para otro, o por al menos 3 horas.

5. Ponga la galleta molida en un tazón grande, y bata los huevos en otro tazón.

6. Saque la masa de jamón del refrigerador y colóquela en una manga de repostero (o en una bolsa plástica sellable, a la cual debe cortarle una esquina) con una abertura de entre ¾ y 1 pulgada de diámetro. Dispense la mezcla en una bandeja para hornear cubierta con papel parafinado (o papel manteca), formando croquetas de unas 2 ½ a 3 pulgadas de largo. (También puede formar las croquetas con las manos, que debe espolvorear previamente con harina, pero el usar la manga garantiza que las croquetas tengan una apariencia uniforme. Puede también hacer croquetas más pequeñas, de unos

¾ de pulgada de grosor y 2 ½ pulgada de largo.) Los rollitos de croqueta deben tener la forma de perros calientes cortos (ver la foto).

7. Sumerja las croquetas en los huevos batidos, cubriéndolas bien por todos los lados y las puntas. Saque cada croqueta del tazón, déjela escurrir el exceso de huevo y rebócela con la galleta molida, asegurándose nuevamente de que quede completamente cubierta por los lados y las puntas con la galleta molida. Vuelva a colocar las croquetas empanadas en la bandeja para hornear forrada con papel parafinado. Cuando todas las croquetas estén rebozadas, cúbralas con plástico de envolver o papel aluminio y déjelas reposar en el refrigerador por 3 o 4 horas.

8. Llene una sartén grande con aceite, lo suficiente para cubrir una croqueta entera y caliéntela a fuego entre mediano y alto, hasta 350° F. (Si así lo prefiere, puede usar una freidora eléctrica para freír las croquetas).

9. Con unas tenacillas, coloque cuidadosamente las croquetas (en lotes de entre 6 y 8 croquetas cada vez) en el aceite caliente y fríalas unos 4 o 5 minutos, hasta que estén bien doradas por todos los lados, volteándolas una vez a mitad del tiempo. Sáquelas del aceite con las tenacillas, y páselas a una fuente forrada con papel toalla, para que absorban el exceso de aceite.

10. Mientras fríe el resto de las tandas, mantenga calientes las croquetas ya fritas colocándolas en el horno, a una temperatura de entre 175° F y 200° F, durante unos 30 minutos.

11. Sírvalas acompañadas de galletas de soda y cuñas de limón verde.

Chicharrones de pescado

(TROZOS DE PESCADO FRITO)

Estos trozos de pescado rebozado y frito son uno de mis aperitivos favoritos.

El pescado a utilizar puede variar según el gusto. Puede hacerlos de pargo, róbalo, mero, emperador, pámpano o atún. La corvina y el dorado son también buenas opciones. Simplemente use el pescado que le guste. Recuerde que, antes de cortar los filetes en trozos, debe quitar las espinas que puedan quedar ocultas en la masa.

Para darles mejor sabor, antes de rebozar los filetes, los remojamos en un adobo de especies, ajo y jugo de limón. Esto le da un toque sutil que acentúa el sabor natural del pescado.

Sírvalo con algunas cuñas de limón como acompañante, para aquellos que gustan de rociarlos con un poco más de jugo.

—Emilio

RINDE DE 6 A 8 PORCIONES

1 pizca de comino en polvo	jugo de 2 limones verdes
¼ de cucharadita de orégano deshidratado	1 ½ taza de harina de trigo
¾ de cucharadita de sal	aceite vegetal
4 lb. de filete de mero	2 o 3 ramitas de perejil fresco
3 dientes de ajo, picaditos	2 limones verdes, cortados en cuñas para servir

1. En un tazón pequeño, mezcle el comino, el orégano y la sal.

2. Corte los filetes de pescado en trozos de aproximadamente 1½" x 1½" y colóquelos en un tazón grande. Rocíe la mezcla de especias, sobre los trozos

de pescado. Agregue luego el ajo y el jugo de limón verde. Deje reposar los trozos en el adobo durante unos 15 minutos.

3. Vierta la harina en un tazón grande y reboce en ella los trozos de pescado adobado.

4. Llene una sartén grande con aceite, justo lo suficiente para cubrir los trozos de pescado hasta la mitad y caliéntelo a fuego entre mediano y alto, hasta alcanzar 360° F.

5. Fría los trozos de pescado en el aceite caliente de 6 a 8 minutos, volteándolos una vez a los 3 o 4 minutos. Saque el pescado de la sartén y páselo a un plato forrado con papel toalla, para eliminar el exceso de aceite.

6. Coloque el pescado en una fuente de servir, adórnelo con perejil y sírvalo de inmediato, con algunas cuñas de limón verde al lado.

Frituras de bacalao

(CODFISH FRITTERS)

———— ✺ ————

L as frituras de bacalao *son la versión cubana de las frituras de masa de caracola, pero hechas con bacalao en lugar de con la carne de dicho crustáceo. Por lo general, en Cuba se le llama bacalao a la masa de este pescado curada con sal.*

La masa salada se deja en remojo, de un día para otro, para rehidratarla y prepararla para su cocción. Si, por ejemplo, usted planea hacer bacalao para la cena del día siguiente, póngalo en remojo desde la tarde de ese día. Cámbiele el agua un par de veces antes de la noche, o, dependiendo de cuán salada esté la masa, cámbiesela unas cuantas veces más antes de cocinarla. Mientras más veces cambie el agua, menos salado quedará el bacalao.

—*Emilio*

———— ✺ ————

RINDE DE 12 A 15 FRITURAS

2 tazas (aproximadamente 2 lb.) de bacalao (bacalao curado con sal)

1 taza de harina con polvos de hornear

2 yemas de huevo, batidas

1 cucharadita de sal

¼ de cucharadita de bijol (opcional, para cocinarlo)

4 cucharadas de cebolla picada

4 cucharadas de cebollín (cebolla verde) picado

4 cucharadas de vino seco

aceite vegetal para freír

1. Enjuague el bacalao bajo agua fría del grifo, entre 5 y 10 minutos. Colóquelo en una asadera o fuente para horno, cúbralo con agua y déjelo en remojo de un día para otro en el refrigerador. Cámbiele el agua una o dos veces, si desea reducir más su contenido de sal. Escurra el bacalao y colóquelo en una olla.

Cúbralo con agua y póngalo a hervir. Reduzca la temperatura, tape la olla y cocine el bacalao hasta que esté blando. Sáquelo de la olla, separe una taza del caldo de pescado y enjuague el bacalao cocido bajo el chorro de agua fría durante al menos 10 minutos.

2. En un tazón, desmenuce el pescado. Mezcle la harina, en otro tazón, con la taza de caldo que separó. Añada el resto de los ingredientes, incluyendo el bacalao desmenuzado, y mézclelo todo bien.

3. Vierta aceite en una sartén grande, hasta la mitad de su capacidad, y caliéntelo a fuego entre mediano y alto, hasta alcanzar 360° F.

4. Con una cuchara, tome porciones de masa de fritura del tamaño de una cucharada, y, con mucho cuidado, póngalas a freír, por lotes. Fría cada lote durante aproximadamente 4 o 5 minutos, volteando las frituras a la mitad del tiempo. Cuando las frituras están listas, flotan en la superficie del aceite y tienen un color marrón dorado. Sáquelas del aceite y colóquelas en un plato forrado con papel toalla, para que se absorba el exceso de aceite. Sírvalas inmediatamente.

FRITURAS DE MALANGA

Frituras de malanga

✖✖✖

Hay ciertas cosas que evocan recuerdos especiales en mí. Las frituras de malanga son una de ellas. A mi madre le encantaba hacerlas, y a mí comerlas. Se parecen a las frituras de bacalao, salvo que en lugar de bacalao, se usa malanga.

La malanga es una planta de hojas grandes y frondosas, con grandes tubérculos que son comestibles. En Cuba, la malanga se come hervida, frita o en puré. Es muy sabrosa en cualquier variante, pero las frituras de malanga recién hechas es uno de mis platos favoritos. Todavía recuerdo cómo observaba a mi madre mientras las hacía.

—Emilio

✖✖✖

RINDE APROXIMADAMENTE DE 12 A 15 FRITURAS

1 lb. de malangas, peladas y bien lavadas

½ cebolla, pelada

1 cucharadita de sal

1 diente de ajo, triturado

1 cucharadita de perejil picado

2 yemas de huevo

aceite vegetal

1. Ralle las malangas y la cebolla y colóquelas en un tazón grande.

2. Añada la sal, el ajo, el perejil y las yemas de huevo. Mézclelos bien para formar la "masa" de malanga.

3. Llene una sartén grande con aceite vegetal, hasta la mitad de su capacidad, y caliéntela a fuego entre mediano y alto, hasta alcanzar 360° F.

4. Con una cuchara, tome porciones de masa de fritura del tamaño de una cucharada, y, con mucho cuidado, póngalas a freír, por lotes. Fría cada lote durante aproximadamente 4 o 5 minutos, volteándolas a la mitad del tiempo. Sáquelas del aceite y colóquelas en un plato forrado con papel toalla, para que se absorba el exceso de aceite. Sírvalas inmediatamente.

ENSALADA DE AGUACATE

Ensalada de aguacate

Como usted probablemente notará, no hay muchas ensaladas de verduras ni muchos vegetales convencionales en la cocina cubana. Prácticamente los únicos vegetales que se usan son el plátano, la yuca y la malanga, que nos gustan muchísimo.

Pero una ensalada, sencilla y deliciosa, que se sirve regularmente como parte de una comida típica cubana, es la de aguacate. Esa sí es una ensalada, que nos encanta, nos encanta, nos encanta.

A algunas personas les gusta con cebolla. A mí me gusta sólo con aceite, vinagre y sal. Es mi ensalada favorita, porque el aguacate tiene un sabor exquisito. Es cremoso, con una textura lisa y un sabor delicado y único.

—Gloria

RINDE 4 PORCIONES

3 oz. de aceite de oliva

3 oz. de vinagre blanco

sal a gusto

1 aguacate grande

½ cebolla roja mediana, picada en trozos

1. En un tazón pequeño, bata el aceite de oliva, el vinagre y la sal.

2. Pele el aguacate y córtelo en tajadas.

3. Coloque el aguacate y la cebolla en una fuente para ensaladas, y mézclelos delicadamente.

4. Rocíe la ensalada con el aliño y sírvala de inmediato.

Sopas

GLORIA, COCINANDO CON SU MADRE, GLORIA FAJARDO

E N LA TRADICIÓN cubana, hay dos cosas que la gente come por lo regular todos los días. Una son los frijoles negros. Y la otra es la sopa.

En mi casa, mi madre hacía sopa todas las noches. Ya fuera de plátano o de pollo, siempre servía sopa antes de la cena cuando yo era niño.

Nada hay tan típico de una comida verdaderamente criolla como la sopa de malanga o la sopa de plátano.

La malanga es un tubérculo similar en apariencia al boniato. Nosotros la comemos como plato acompañante, picada en trozos para dar sabor a otras comidas, o la usamos para preparar una sopa espesa, deliciosa y suculenta: la crema de malanga. Imagínesela como una sopa cremosa de papa, al estilo cubano.

Los plátanos forman parte de casi todas las comidas cubanas. Los hemos adoptado como emblema de nuestra cocina. Los comemos en cualquier fase de maduración: desde verdes hasta blandos de tan maduritos. Los hacemos puré, los hervimos, los freímos y —como les mostraremos en las próximas páginas— los convertimos en ingrediente principal de toda una sopa, que es rica, cremosa y una de mis preferidas.

Las sopas de lentejas y de chícharos son también platos regulares en muchas de las cocinas cubanas, junto con la sopa de pollo, la cual no tomamos solamente cuando hace frío afuera o tenemos catarro. Para nosotros, la sopa de pollo es un entrante habitual. Típicamente, la sopa de pollo cubana lleva fideos, papas y zanahorias, y nuestra mezcla estándar de cebollas y ajo para darle sabor. Además, nos gusta echarle un chorrito de jugo de limón para acentuar su sazón.

Como ya les he indicado, en la mesa cubana, la sopa es un entrante. Pero quizás usted descubra que cualquiera de estas sopas llena lo suficiente como para ser una comida por sí sola.

—*Emilio*

SOPA DE POLLO

Sopa de pollo

En nuestra cultura solemos servir casi toda la comida junta; el plato fuerte y la ensalada, por ejemplo, por lo general se ofrecen al mismo tiempo.

Pero la sopa sí la servimos antes que los demás platillos, como parte de una cena típica. La sopa sirve de aperitivo para nosotros.

Una de mis favoritas es la sopa de pollo. Aunque la llamamos simplemente "sopa de pollo", sería más preciso llamarla "sopa de pollo y fideos", pues siempre se hace con fideos "cabello de ángel" o vermicelli.

Además, le ponemos una pizca de Bijol, lo que le da un tono dorado y un sabor singular. El Bijol es el mismo condimento que usamos en el arroz con pollo y la paella. Y, al igual que la sopa de pollo de otras regiones, esta sopa lleva papas, zanahorias y cebolla.

—Gloria

RINDE DE 6 A 8 PORCIONES

1 pollo entero

12 tazas de agua

3 papas, cortadas en trocitos del tamaño de un bocado

2 zanahorias, peladas y cortadas en tajadas transversales de 1/2"

1/2 cebolla, picada en trocitos menudos

2 dientes de ajo, picados

1/4 de cucharadita de orégano deshidratado

1 o 2 ramitas de azafrán o 1/4 de cucharadita de bijol (para dar color)

3 oz. de fideos "cabello de ángel" o *vermicelli*

1 cucharada de sal

2 limones verdes, cortados en cuñas para servir como acompañante

1. Limpie el pollo y córtelo en octavos. Coloque los trozos de pollo en una olla grande y agregue el agua y el resto de los ingredientes, excepto el azafrán, los fideos, la sal y los limones. Déjelo hervir y, luego, reduzca la temperatura a cocción lenta. Cocínelo entre 1 y 1 ½ hora, hasta que el pollo esté cocinado y totalmente suave.

2. Saque el pollo de la olla, quítele la piel y los huesos, y desmenúcelo en trocitos del tamaño de un bocado. Agregue nuevamente el pollo al caldo que se cuece a fuego lento.

3. Añada el azafrán y los fideos, y cocínelos según las instrucciones del paquete de fideos.

4. Añada la sal (puede aumentar o disminuir la cantidad de sal a gusto). Sirva la sopa caliente, acompañada de uno o dos cuartos de limón verde, que se pueden exprimir sobre la sopa si se desea.

Secreto de la cocina

El bijol es un polvo que se obtiene al moler las semillas de achiote o bija y que frecuentemente se utiliza para dar color a los alimentos en lugar del azafrán. Puede hallarlo en la mayoría de los supermercados latinos o en la sección de productos latinos de las tiendas de comestibles de su localidad.

CREMA DE MALANGA

Crema de malanga

---∞∞∞---

Cuando se habla de comida criolla *auténtica, pocas cosas se pueden mencionar que sean más típicamente cubanas que una crema de malanga.*

La crema de malanga *es como una sopa cremosa de papa, hecha con malangas en lugar de papas, y es una de mis favoritas.*

—Emilio

---∞∞∞---

RINDE 8 PORCIONES

2 lb. de malangas, peladas y picadas en cubos

4 cuartos de galón de caldo de pollo

1 cucharada de sal

1 cebolla pequeña, picada

3 dientes de ajo, triturados

½ cucharada de aceite de oliva, para saltear

1 cucharadita de culantro fresco, picado

1. Coloque las malangas, el caldo de pollo, la sal y la mitad de la cebolla picada en una olla sopera profunda y espere a que empiece a hervir. Baje la temperatura, y cocine a fuego lento entre 45 y 60 minutos aproximadamente o hasta que las malangas se ablanden. Retire la olla del fuego y déjela enfriar. En una licuadora, haga un puré con el contenido de la olla (batiendo por tandas si es necesario) y viértalo de nuevo en la olla sopera.

2. En una sartén pequeña, saltee en el aceite de oliva el resto de la cebolla y el ajo, hasta que se pongan transparentes.

3. Vierta el sofrito de cebolla y ajo y el culantro en la sopa, y revuélvala bien.

4. Caliente la sopa a la temperatura deseada y sírvala

SOPA DE PLÁTANO

Sopa de plátano

━━━━━∞∞∞━━━━━

Casi tanto como la crema de malanga, la sopa de plátano es quizás uno de los platos cubanos más tradicionales.

Los plátanos están entre los vegetales más versátiles de la cocina cubana. Los comemos hervidos, fritos y en puré, ya estén verdes o completamente maduros.

Para la sopa de plátano, usamos plátanos verdes, pelados y picados transversalmente, de la misma manera que se pica una banana para comerla con el cereal. Se hierven y se hacen puré al igual que las malangas para la crema de malanga y, tomando en cuenta la consistencia espesa y cremosa del producto final, quizás deberíamos llamar a este plato "crema de plátano".

—Emilio

━━━━━∞∞∞━━━━━

RINDE DE 6 A 8 PORCIONES

1 galón de caldo de carne de res o de vegetales

1 cubito de caldo concentrado de pollo

6 plátanos verdes grandes, picados transversalmente en trozos medianos

¼ de cucharadita de sal

1 hoja de laurel

4 dientes de ajo, picados

1 cebolla grande, picada

1 cucharada de culantro fresco, picado en tiras anchas, para adornar

1. Coloque el caldo de carne o de vegetales en una olla sopera grande y póngala a hervir a fuego alto. Cuando empiece a hervir, reduzca la temperatura a fuego mediano y agregue el resto de los ingredientes, excepto el culantro.

2. Tape la olla, reduzca la temperatura y cocine a fuego lento durante aproximadamente 30 minutos, hasta que se ablanden los plátanos. Saque la hoja de laurel.

3. Vierta la mezcla en la licuadora y hágala un puré. Vuelva a echar la sopa batida en la olla sopera y cuézala a fuego lento, sin colocar la tapa a la olla, durante unos 15 o 20 minutos, para que se espese. Sírvala en tazones individuales y adórnela con las tiras de culantro.

Potaje de frijoles colorados

———∞∞∞———

"Potaje" significa literalmente "guiso".

Algunas veces se toma solo, otras se come con arroz. Usted decide. Si lo prefiere, puede usar frijoles negros, en lugar de colorados.

En cualquier caso, la clave de un buen potaje está en el sofrito. La mezcla salteada de aceite de oliva, ajo, cebolla, pimiento y puré de tomate es lo que da al potaje su genuino sabor criollo.

Puede añadir chorizo español (que le da un gusto más parecido al del estofado) para acentuar más el sabor del potaje.

—Emilio

———∞∞∞———

RINDE DE 6 A 8 PORCIONES

1 lb. de frijoles colorados pequeños (también conocidos como frijoles colorados mexicanos o habichuelas coloradas)

2 litros de agua, o más si lo desea

2 cucharadas de aceite de oliva

½ cebolla blanca grande, picada en trocitos menudos

½ pimiento (ají) verde o rojo, sin tallo ni semillas, picado en trocitos menudos

2 dientes de ajo, triturados (con un triturador de ajos o un mortero)

3 cucharadas de puré de tomate

½ cucharadita de sal

¼ de cucharadita de pimienta negra recién molida

1 chorizo español, sin envoltura y picado

2 papas *Russet*, peladas y cortadas en cuartos

¼ de calabaza, pelada y picada en trozos

1 plátano verde, pelado y picado en trozos (opcional)

POTAJE DE FRIJOLES COLORADOS

1. Lave y seleccione bien los frijoles y retire toda suciedad o partícula extraña. Eche los frijoles lavados en una olla sopera grande, agregue el agua y póngalos a hervir a fuego entre mediano y alto. Cuando empiecen a hervir, tape la olla y reduzca la temperatura. Cocine los frijoles hasta que queden casi blandos, durante 45 minutos aproximadamente.

2. Mientras tanto, prepare un sofrito que añadirá luego para darle sabor al potaje. En una sartén grande, caliente el aceite de oliva a fuego mediano hasta que se sienta su aroma. Entonces, añada las cebollas y los pimientos y sofríalos por unos 3 o 4 minutos, hasta que las cebollas estén transparentes. Añada el ajo, el puré de tomate, la sal, la pimienta y los chorizos, y cocínelo todo durante 2 minutos más.

3. Cuando los frijoles estén casi blandos, añada el sofrito, las papas y la calabaza (y el plátano si lo desea). Cocine el potaje a fuego lento entre 45 y 60 minutos, o hasta que los frijoles, las papas y la calabaza estén completamente cocidos y se sientan suaves al pincharlos con un tenedor, y el potaje tenga la consistencia deseada. Añada agua según sea necesario, si prefiere un potaje "más claro".

Secreto de la cocina

La calabaza (o zapallo) es un vegetal que se usa en muchas de las gastronomías caribeñas. No se trata de la calabaza que habitualmente se esculpe para la fiesta de la Noche de Brujas; tiene una apariencia similar, pero es más pequeña y redonda. Por su sabor y textura recuerda a la calabaza alargada conocida como *butternut squash*. Puede comprar la calabaza en los supermercados latinos, o, si no la encuentra, usar en su lugar la calabaza de cuello alargado, *butternut squash*.

SOPA DE CHÍCHAROS

Sopa de chícharos

(SPLIT PEA SOUP)

La sopa de chícharos es un plato que está presente, con sus variaciones, en casi todas las culturas. Es el sofrito el que le da ese sabor único que usted no hallará en ningún otro lugar.

El sofrito sirve de base a varios platos tradicionales cubanos, pero sus ingredientes específicos varían según el caso. Para un potaje de frijoles colorados las cebollas y el ajo se sofríen juntos. Para la sopa de chícharos agregamos jamón ahumado. Como resultado, se obtiene un sabor distintivo y suculento, diferente a cualquier otra sopa de este guisante.

—Gloria

RINDE 6 PORCIONES

- 1 lb. de chícharos secos
- 4 tazas de agua
- 4 tazas de caldo de pollo
- 1 codillo de jamón ahumado
- ½ cucharadita de sal
- 3 cucharadas de aceite de oliva
- 1 cebolla mediana, picada en trocitos menudos
- 1 pimiento (ají) verde grande, sin corazón, ni semillas y picado en trocitos menudos
- 1 papa grande, picada en trozos del tamaño de un bocado
- 1 lb. de calabaza, pelada y cortada en trozos
- 1 pizca de comino en polvo

1. Lave bien los chícharos y elimine toda suciedad y partícula extraña. Coloque los chícharos lavados en una olla sopera grande y agregue el agua, el caldo de

pollo, el codillo de jamón y la sal. Déjelos hervir a fuego mediano. Luego baje la temperatura y cocínelos a fuego lento durante aproximadamente una hora.

2. Mientras tanto, prepare el sofrito que añadirá a la sopa para darle sabor. En una sartén grande, caliente el aceite de oliva a fuego mediano hasta que se desprenda su aroma. Añada luego las cebollas y los pimientos y sofríalos durante 3 o 4 minutos, hasta que las cebollas estén transparentes.

3. Luego que la sopa se haya cocido a fuego lento durante una hora, saque el codillo de jamón y separe la carne de los huesos. Pique la carne en pedazos gruesos y vuélvala a colocar en la olla. Añada el sofrito, las papas, la calabaza y el comino a los chícharos. Tape la olla (dejando la tapa un poco de lado) y continúe hirviendo la sopa a fuego lento, removiéndola de cuando en cuando durante unos 25 o 30 minutos, o hasta que las papas y las calabazas estén bien cocidas y se sientan suaves al pincharlas con un tenedor.

4. Si desea que la sopa quede aún más espesa, déjela hervir a fuego lento, con la olla destapada, durante 10 o 15 minutos más, pero preste atención para que no se cocine demasiado. Si la sopa está muy espesa, agregue agua y caldo de pollo (a partes iguales).

Secreto de la cocina

Puede sustituir el codillo de jamón por chorizo español (quitándole la envoltura). O, si desea preparar una versión vegetariana, use caldo de vegetales y no le eche jamón

SOPA DE LENTEJAS

Sopa de lentejas

❊

La popularidad de la sopa de lentejas en Cuba es una muestra de la influencia árabe en nuestra cultura. Los moros gobernaron parte de España durante ocho siglos, justo hasta el año en que Colón descubrió el Nuevo Mundo. No es de asombrarse pues que dejaran su huella en la tradición culinaria traída a Cuba por los colonizadores españoles.

Tampoco es sorprendente que los moros hubieran llevado su gusto por la sopa de lentejas a España. Este es un plato tan antiguo que, de hecho, se menciona en la Biblia.

Pero, como sucedió con la mayoría de los platillos que llegaron a nuestra isla, los cubanos la hemos modificado y la preparamos a nuestra manera. El secreto del sabor de la sopa de lentejas al estilo cubano está nuevamente en el sofrito y en su combinación de ajo, cebollas y pimiento salteados.

Si usted es de los que gustan de la sopa de lentejas, el hacerlo a su forma le permitirá obtener una versión diferente y deliciosa, que estoy segura disfrutará muchísimo (tanto como yo).

—Gloria

❊

RINDE 6 PORCIONES

1 lb. de lentejas secas

4 tazas de agua

4 tazas de caldo de pollo o de vegetales

½ cucharadita de sal

3 cucharadas de aceite de oliva

1 cebolla mediana, picada en trocitos menudos

1 pimiento (ají) verde grande, sin corazón, ni semillas y picado en trocitos menudos

½ lb. de jamón ahumado, cortado en cubos (opcional)

1 papa grande, picada en trozos del tamaño de un bocado

1 lb. de calabaza, pelada y cortada en trozos

1 pizca de comino en polvo

1. Lave bien las lentejas y elimine toda suciedad y partícula extraña. Coloque las lentejas lavadas en una olla sopera grande y agregue el agua, el caldo de pollo y la sal. Déjelas hervir a fuego mediano. Luego baje la temperatura y cocínelas a fuego lento durante aproximadamente una hora.

2. Mientras tanto, prepare el sofrito que añadirá a la sopa para darle sabor. En una sartén grande, caliente el aceite de oliva a fuego mediano hasta que desprenda su aroma. Añada luego las cebollas y los pimientos y sofríalos durante 3 o 4 minutos, hasta que las cebollas estén transparentes. Agregue el jamón y saltéelo unos 3 o 4 minutos más.

3. Añada el sofrito, las papas, la calabaza y el comino a las lentejas. Tape la olla (dejando la tapa un poco de lado) y continúe hirviendo la sopa a fuego lento, removiéndola de cuando en cuando durante unos 25 o 30 minutos, o hasta que las papas y las calabazas estén bien cocidas y se sientan suaves al pincharlas con un tenedor.

4. Si desea que la sopa quede aún más espesa, déjela hervir a fuego lento, con la olla destapada, durante 10 o 15 minutos más, pero preste atención para que no se cocine demasiado. Si la sopa está muy espesa, agregue agua y caldo de pollo (a partes iguales).

Secreto de la cocina

Si desea preparar una versión vegetariana, use caldo de vegetales y no le eche jamón.

Platos fuertes

EMILIO CENANDO

*L*A MAYORÍA DE los cubanos vivimos perdidamente enamorados de la carne. Ya sea de res, cerdo o pollo, ¡nos encanta!

La sazón es sencilla; el resultado: delicioso. Por lo general, confiamos en los mismos sujetos de siempre: el ajo, el limón o la naranja agria y la cebolla. A veces, agregamos puré de tomate para obtener un sofrito más espeso, suculento y sabroso.

Algunos de nuestros platos a base de carne tienen nombres interesantes, como la "ropa vieja" y la "vaca frita".

El sabor de la ropa vieja no tiene nada que ver con su nombre. Se trata de carne de falda de res, deshilachada, mezclada con pimientos verdes, tomate, cebolla y ajo, y cocida a fuego lento hasta que adquiere la apariencia de una prenda de ropa vieja, hecha jirones; de ahí su nombre.

Todas las recetas son fruto de la combinación de ingredientes autóctonos y del ingenio de los isleños, con las carnes y tradiciones culinarias traídas por los primeros conquistadores españoles.

Con el tiempo, recibieron también la influencia de otras culturas, como la africana, francesa, inglesa y, más tarde, la china, y se mezclaron con la mentalidad de "no desperdicies, y no pasarás necesidad" de los colonizadores. De hecho, la ropa vieja nació de la necesidad de reutilizar la carne empleada para hacer los caldos.

Luego de hervir el trozo de falda, se deshebra la carne y se saltea con el sofrito; luego, se cocina lentamente para fijar los sabores.

La vaca frita es básicamente la misma carne de falda, hervida con ajo, cebolla y sal, y luego machacada, adobada y dorada rápidamente a fuego muy vivo con cebollas. Tiene un gusto menos dulzón que la ropa vieja, pero es deliciosa.

Ambas son presencia habitual en casi toda mesa cubana, al igual que el picadillo. Cuando yo era niño, mi madre preparaba regularmente boliche (el asado en cazuela al estilo cubano) los sábados por la noche y bistec de palomilla al menos una vez a la semana. Servía los bistecs cubiertos con cebollas humeantes y los rociaba con jugo de limón. El arroz con pollo era el plato de los domingos; todavía puedo recordar a la familia reunida alrededor de la enorme mesa.

El lechón asado se sirve habitualmente en los días de fiestas tradicionales y en ocasiones especiales. Para los cubanos, el lechón asado representa tanto las Navidades, como el pavo representa el Día de Acción de Gracias en Estados Unidos.

Y, aunque la carne constituye la base de la mayoría de nuestras comidas criollas preferidas, los pescados y mariscos, como es natural, también fueron componentes esenciales de la gastronomía de la isla. Los camarones enchilados son uno de mis platos favoritos y me traen recuerdos entrañables cuando siento su aroma en la cocina.

La selección de platos de esta sección presenta comidas cubanas verdaderamente típicas. Son parte de mi cultura, de mis costumbres, de mi niñez y de mi vida. A través de ellos, podrá conocer más sobre quiénes somos, sobre mi familia y sobre nuestras tradiciones.

Estos son nuestros sabores. Estas son nuestras comidas. ¡Disfrútelas!

—Emilio

BISTEC DE PALOMILLA

Bistec de palomilla

⊷∞⊶

L a palomilla es el más cubano de todos los bistecs. Y es otro de esos platos cuyo olor puedo sentir—a ajo, limón y cebollas cocinándose juntos—de tan sólo imaginarlo.

Básicamente, es un filete de solomillo o un corte de redondo, pero que al estilo cubano no se deja grueso, sino que se machaca o prensa hasta que tiene sólo entre ¼″ y 3/8″ de grosor.

Para aplanar el filete puede usar un mazo para carnes. (Le recomiendo colocar el filete entre dos hojas de papel parafinado, para evitar que el jugo salpique por todos lados). O puede pedirle al carnicero que se los prense. En cualquier caso, debe obtener un filete lo más delgado y uniforme posible. Es importante que, en lugar de cocinar la carne con la sal y el limón, la deje en adobo, de manera que absorba bien el sabor antes de cocerse.

Puesto que el filete es muy delgado, este es un plato que se prepara muy rápido. Sólo toma un par de minutos para cocinar de cada lado el bistec. Luego, se deja secar lo que queda de adobo en los jugos que aún se cuecen, durante uno o dos minutos, y se vierte sobre el bistec servido en el plato.

También puede rebozar el filete si lo desea, pero yo lo prefiero al estilo tradicional.

—Emilio

⊷∞⊶

GUARNICIÓN:

1 taza de perejil, picado en trozos grandes

½ cebolla mediana, picada en trocitos menudos

aceite de oliva

6 filetes de 8 oz. (de solomillo o carne del cuarto trasero)

jugo de 1 limón verde o de 1 naranja agria

3 dientes de ajo, picados

1 ½ cucharadita de sal

1 cucharadita de pimienta negra recién molida

aceite de oliva

2 limones verdes, cortados en cuñas

1. Prepare la guarnición. En un tazón mediano, mezcle el perejil con la cebolla picada, y agréguele un poquito de aceite de oliva. No le ponga demasiado aceite, pues si no la mezcla se satura demasiado. Cúbrala con plástico de envolver y déjela reposar.

2. Coloque los filetes entre dos hojas de papel parafinado. Luego, macháquelos con un mazo para carnes hasta que cada filete tenga entre ¼″ y ³/₈″ de grosor.

Secreto de la cocina

Los maestros cocineros de nuestros restaurantes utilizan una prensa para carnes para obtener un grosor uniforme. Puede pedirle al carnicero que prense la carne.

3. En un tazón pequeño, mezcle el jugo de limón verde o de naranja agria (en todas las recetas de este libro, puede sustituir el jugo de naranja agria por una mezcla de 2 partes de jugo de limón verde y 1 parte de jugo de naranja) con el ajo, la sal y la pimienta. Coloque los filetes en una bolsa plástica reutilizable y añádales el adobo de ajo y limón. Deje los filetes adobándose en el refrigerador por aproximadamente una hora, volteando la bolsa una o dos veces, para garantizar que la carne quede cubierta de manera uniforme. Saque los filetes del adobo y séquelos con papel toalla, cerciorándose de que no queden restos de ajo sobre ellos. Separe el adobo para usarlo más adelante.

4. En una sartén grande, caliente 1 cucharada de aceite de oliva a fuego vivo. (Si el aceite comienza a desprender humo, esto significa que lo ha calentado demasiado; debe desechar ese aceite y comenzar otra vez con aceite fresco.) Coloque 1 o 2 filetes a la vez en la sartén con aceite caliente y cocínelos por 1 o 2 minutos de cada lado. Luego, sáquelos y póngalos en un plato. (Si es necesario, agregue un poco más de aceite de oliva entre las tandas).

5. Una vez que haya cocido todos los bistecs, agregue el adobo que había reservado antes y déjelo hervir a fuego entre mediano y alto para secar los jugos, durante aproximadamente 1 o 2 minutos. Vierta los jugos sobre los bistecs y adórnelos con la guarnición.

6. Sirva los bistecs acompañados de cuñas de limón verde, para que el comensal pueda rociarles un poco más de jugo, al gusto.

Secreto de la cocina

El bistec de palomilla se sirve tradicionalmente con arroz blanco, frijoles negros y plátanos maduros; o puede sustituir el arroz blanco y los frijoles negros por moros. Algunas personas prefieren su palomilla con papas fritas al hilo, la versión cubana de las papas fritas en tiras con que se sirve habitualmente el bistec.

VACA FRITA

Vaca frita

———✦———

Comí por primera vez vaca frita después de salir de Cuba, de modo que para mí representa más a Miami que a la isla. En Cuba acostumbraba más bien a comer ropa vieja.

Los dos platos dan testimonio de la capacidad de economizar de los cubanos.

Vaca frita es el nombre con que se describe de manera simple el principal ingrediente del plato. Sin embargo, en realidad, la carne se hierve antes de freírse. Y eso es porque, al igual que la ropa vieja, la vaca frita se hace con la carne de falda de res que se hierve para preparar caldo. En lugar de desechar un buen trozo de carne, el frugal cocinero cubano halló la manera de convertirlo en un delicioso plato fuerte.

Al menos así era entonces. Ahora la carne se cuece específicamente para hacer vaca frita o ropa vieja, y a nadie le interesa el caldo.

En ambos casos, la carne hervida termina presentándose en forma de hebras. La principal diferencia consiste en que la vaca frita se saltea rápidamente con cebollas, mientras la ropa vieja es más húmeda, y se cocina con tomates y pimientos.

—Emilio

———✦———

3 lb. de falda de res

8 tazas de agua, o más según sea necesario

1 ½ cucharadita de sal

8 dientes de ajo, picaditos

1 cebolla mediana, picada

1 cucharadita de orégano deshidratado

1 hoja de laurel

½ taza de jugo de limón verde

aceite vegetal para dorar la carne

aceite de oliva para saltear

1 cebolla blanca mediana, picada en rodajas

2 limones verdes, cortados en cuñas para servir

1. Coloque la carne en una olla grande y agréguele agua hasta cubrirla. Añada 1 cucharadita de sal, aproximadamente la mitad del ajo triturado y la cebolla picada.

2. Deje hervir la mezcla a fuego mediano. Después que empiece a hervir, reduzca la temperatura a fuego entre mediano y bajo, y cocínela, sin tapar la olla, entre 60 y 90 minutos, hasta que la carne esté blanda, agregando agua según sea necesario para garantizar que no se reseque.

3. Saque la carne de la olla y déjela enfriar. Corte la carne según sea necesario para obtener 6 tajadas. Con el extremo dentado de un mazo para carnes, golpee cuidadosamente la carne cocida, hasta dejar las tajadas de un grosor de ½". La carne machacada debe tener una apariencia deshilachada.

4. Pase las tajadas aporreadas a una bandeja de hornear grande, añada luego el resto del ajo, el orégano, la hoja de laurel, el jugo de limón verde y ½ cucharadita de sal, esparciendo todo uniformemente sobre las tajadas. Refrigere y adobe la carne durante 2 o 3 horas. Cuando vaya a cocinar las tajadas, retírelas del adobo y séquelas con papel toalla, asegurándose de no dejarles trocitos de ajo.

5. Engrase ligeramente una sartén grande con aceite vegetal y caliéntela a fuego alto. (La sartén debe estar lo suficientemente caliente como para dorar la carne, pero se debe tener cuidado de no quemar el aceite). Coloque por tandas, 1 o 2 tajadas a la vez, y dórelas a fuego vivo durante 1 o 2 minutos de cada lado, hasta que la carne quede dorada y con una textura crujiente en su exterior.

Sáquelas y póngalas a un lado. (Si es necesario, vuelva a engrasar la sartén entre las tandas, usando papel toalla.)

6. Una vez que haya dorado y retirado las tajadas, limpie la sartén con una hoja de papel toalla, añada 1 cucharada de aceite de oliva y caliéntelo a fuego mediano. Sofría las cebollas en la sartén durante 4 o 5 minutos o hasta que las cebollas queden transparentes.

7. Vierta las cebollas salteadas sobre las tajadas de carne y sírvalas acompañadas de cuñas de limón verde.

CARNE CON PAPAS

Carne con papas

———— ❊ ————

La carne con papas *es un guiso con carne de res, muy popular entre los cubanos.*

Es uno de mis favoritos porque me encanta todo lo que se prepare a base de tomate y la carne con papa tiene una salsa de tomate muy sabrosa. Es riquísimo mojar un trozo de pan en esta salsa cuando ya nos hemos comido la carne y los vegetales. Pero en realidad, lo que más me gusta es mezclar la salsa con arroz blanco. Algunas veces, le pedía a mi abuela que me sirviera sólo el arroz y la salsa de la carne.

Y lo que es fabuloso también es que, debido a que las papas se cocinan en la salsa, absorben ese sabor, que les da una dulzura deliciosa.

Lo más importante de la carne con papas es el corte de carne que se usa para hacerla. Para que quede realmente buena, es necesario usar un trozo de pecho, de redondo o de costillar (mis preferidos son los cortes de ternera). Hágalo así y use un buen vino seco de cocina y la gente le rogará que prepare este plato una y otra vez.

—Gloria

———— ❊ ————

½ taza de aceite de oliva

3 lb. de carne de res deshuesada para estofar (pecho, redondo o costillar), cortada en cubitos de 2" x 2"

1 cucharada de sal

½ cucharadita de pimienta negra recién molida

1 cucharadita de pimentón en polvo (paprika)

1 pizca de comino en polvo

1 cebolla grande, picada

3 dientes de ajo, triturados (con un triturador de ajos o un mortero)

1 pimiento (ají) verde, sin corazón ni semillas, y picado en trocitos menudos

2 hojas de laurel

1 lata de 8 oz. de puré de tomate

½ taza de vino seco

4 tazas de agua, y más si es necesario

½ taza de aceitunas españolas rellenas con pimiento

3 papas grandes, peladas y cortadas en trozos medianos

2 zanahorias, cortadas transversalmente en trozos medianos

1. En una olla grande, caliente el aceite de oliva. Sofría la carne a fuego entre mediano y alto durante 3 o 4 minutos, volteándola frecuentemente, hasta que quede ligeramente dorada.

2. Agregue la sal, la pimienta, el pimentón en polvo, el comino, la cebolla, el ajo, el pimiento verde y las hojas de laurel, y sofríalo todo hasta que las cebollas estén transparentes. Añada el puré de tomate, el vino seco y el agua. Deje que la mezcla comience a hervir. Luego, reduzca la temperatura, tape la olla y cueza el guiso a fuego lento hasta que la carne esté blanda, durante aproximadamente 1½ hora.

3. Agregue las aceitunas rellenas, las papas y las zanahorias. Luego, tape la olla y cocine todo unos 30 o 40 minutos más, hasta que las papas y las zanahorias se ablanden. Revise frecuentemente el guiso y agréguele agua y vino seco, según sea necesario. Retírelo y saque las hojas de laurel antes de servirlo.

PICADILLO

Picadillo

(CARNE DE RES MOLIDA, EN SALSA)

—◦◦◦—

El picadillo *es quizás uno de los platos cubanos más populares.*

Se prepara de diversas maneras en toda Latinoamérica y una de las diferencias fundamentales entre el picadillo al estilo cubano y el que se hace en otros países consiste en que nosotros le ponemos aceitunas españolas rellenas con pimiento.

Nos gusta usar alcaparras y uvas pasas en nuestra versión, pero si no le gustan puede pasarlas por alto. El puré de tomate le da un toque dulzón y hace que el plato quede más aguado que el que se hace en otros lugares, y habitualmente lo servimos acompañado de arroz blanco, con algunos plátanos maduros y un poco de frijoles negros.

Mi madre solía preparar una variante llamada "a caballo". Lo que hacía era sencillamente freír algunos huevos y servir uno sobre cada porción de picadillo. Es una opción que cambia completamente el plato ¡y lo hace aún más delicioso!

—Emilio

—◦◦◦—

4 cucharaditas de aceite de oliva

3 lb. de carne magra de res molida

1 pimiento (ají) verde, sin corazón ni semillas, y picado en trocitos menudos

1 cebolla mediana, picada en trocitos

3 dientes de ajo, picaditos

2 cucharaditas de sal

½ cucharadita de pimienta negra molida

1 pizca de comino en polvo

1 cucharadita de orégano deshidratado

2 hojas de laurel

1 lata de 8 oz. de puré de tomate

1 ¼ tazas de vino seco

½ taza de uvas pasas (opcional)

½ taza de aceitunas españolas rellenas con pimiento

2 cucharadas de alcaparras (opcional)

PICADILLO A CABALLO

Para el Picadillo a caballo

(CON HUEVOS FRITOS)

6 huevos grandes

1. En una olla grande, caliente 1 cucharadita de aceite de oliva a fuego entre mediano y alto. Añada la carne molida y dórela, revolviendo de vez en cuando para que no quede chamuscada. Saque la carne así dorada y escurra todo el exceso de grasa de la olla.

2. Agregue el resto del aceite de oliva y caliéntelo a fuego mediano. Añada luego el pimiento verde, la cebolla y el ajo, y saltéelos hasta que las cebollas estén transparentes.

3. Añada a la olla la carne ya escurrida y el resto de los ingredientes. Deje que el picadillo comience a hervir. Luego, reduzca la temperatura a fuego lento, tape la olla y cocine el picadillo por unos 30 o 40 minutos, revolviendo frecuentemente.

4. Retire las hojas de laurel y sírvalo sobre arroz blanco (ver receta en la página 147) con plátanos maduros (o tostones, si lo prefiere) y frijoles negros.

Secreto de la cocina

Para hacer picadillo a caballo, simplemente, antes de servirlo, fría un huevo por cada porción (con la yema blanda o medio blanda) y colóquelo sobre el picadillo.

ROPA VIEJA

Ropa vieja

(CARNE DE RES DESHILACHADA, O "RIPIADA")

⬦⬦⬦

He comido ropa vieja toda mi vida, pero una de las cosas que más recuerdo siempre que la pruebo es ver a la abuela de Gloria cuando nos preparaba sopa de carne de falda; recuerdo cómo rallaba las zanahorias y la malanga y las ponía a hervir junto con la carne para hacernos la sopa de res. Luego, cuando ésta estaba lista, hacía ropa vieja con la carne hervida; aún puedo sentir el olor de los tomates, las cebollas y el ajo salteándose para el sofrito.

Así mismo la hacían en Cuba. Era una forma de aprovechar la carne que quedaba del caldo para hacer sopa.

Se dice que fueron los colonizadores provenientes de Islas Canarias, cerca de las costas de España, quienes dieron a conocer la ropa vieja en Cuba. Por suerte, su sabor no tiene nada que ver con su nombre. Se le llama así simplemente porque al cocinar la mezcla de carne deshilachada, los tomates y los pimientos verdes, ésta adquiere la apariencia de tiras o jirones de un vestido de muchos colores.

—Emilio

⬦⬦⬦

3 lb. de falda de res

12 tazas de agua

2 cucharadas de aceite de oliva

2 cebollas, rebanadas

4 dientes de ajo, triturados (con un triturador de ajos o un mortero)

2 tomates medianos, picados en cuñas de cerca de 1/2" de grosor

3 pimientos (ajíes) verdes, sin corazón, ni semillas y picados en tiras

1 cucharadita de bijol

1 pizca de comino en polvo

3 hojas de laurel

2½ tazas de salsa de tomate

1 taza de vino seco

1. Coloque la carne, el agua y la sal en una olla profunda o en una sartén para saltear y déjelas hervir a fuego entre mediano y alto. Baje la temperatura a fuego entre mediano y bajo y cocine la carne durante aproximadamente una hora, hasta que comience a deshebrarse. Con una espumadera, saque la carne y déjela enfriar. Guarde el caldo en el que la cocinó.

2. Cuando la carne esté lo suficientemente fría, desmenúcela según sea necesario (con las manos o con un mazo para carnes), de modo que quede en hebras separadas y tenga una apariencia deshilachada.

3. En una olla grande con tapa, o en una cacerola de las conocidas como "horno holandés", caliente el aceite de oliva a fuego mediano hasta que desprenda su aroma. Añada las cebollas y cocínelas durante 2 minutos. Baje la temperatura a fuego mediano y agregue el ajo, los tomates, los pimientos verdes, la sal, el Bijol, el comino, las hojas de laurel, la salsa de tomate y la carne deshilachada. Cocínelo todo durante 4 o 5 minutos, revolviéndolo de vez en cuando.

4. Añada el agua que guardó y el vino seco, y deje que la mezcla comience a hervir; luego, baje la temperatura a fuego lento, tape la olla y cocine unos 20 minutos más.

5. Saque las hojas de laurel y sírvala caliente sobre arroz blanco (ver la receta en la página 147).

BOLICHE

Boliche

(CARNE ASADA EN CAZUELA AL ESTILO CUBANO)

En mi infancia, mi madre tenía un menú semanal más o menos fijo. Cada domingo, hacía arroz con pollo. Los sábados comíamos boliche. Y, créame, yo esperaba con ansias que llegara el sábado.

El boliche es un asado en cazuela al estilo cubano, sazonado con naranja agria, orégano y ajo, que se cuece lentamente con vino blanco, caldo de pollo y cebollas, hasta que la carne queda tan blanda que prácticamente se deshace en la boca. Así es como cocinamos la mayoría de las carnes en Cuba, a fuego lento, de modo que se separen del hueso al momento de servirlas. Pero al cocinar este plato a fuego lento, además dejamos que la carne absorba todo el sabor del vino y del ajo.

Al igual que sucede con la ropa vieja y la carne con papas, a algunas personas les gusta que se lo sirvan simplemente sobre arroz blanco, para que la salsa y el arroz se mezclen. O quizás usted prefiera tener un pedazo de pan cubano a mano, para mojarlo en la salsa mientras come la carne.

—Emilio

RINDE DE 6 A 8 PORCIONES

- 8 dientes de ajo, triturados (con un triturador de ajos o un mortero)
- 1 taza de jugo de naranja agria
- 1 cucharadita de orégano deshidratado
- 1 boliche (*eye round*), de 5 lb.
- 1 taza de aceite vegetal

- 3 cebollas blancas grandes, rebanadas
- 1 taza de vino seco
- 3 hojas de laurel
- 2½ tazas de caldo de pollo

1. En un tazón, prepare el adobo mezclando el ajo, la naranja agria (en todas las recetas de este libro, puede sustituir el jugo de naranja agria por una mezcla de 2 partes de jugo de limón verde y una parte de jugo de naranja) y el orégano. Perfore la carne con un tenedor, colóquela luego en un tazón profundo, agréguele el adobo y déjela en el refrigerador de un día para otro.

2. Cuando vaya a cocinarla, saque la carne del recipiente y guarde el adobo. En una olla grande o una cacerola de las conocidas como "horno holandés", caliente el aceite vegetal a fuego entre mediano y alto, lo suficiente como para dorar rápidamente la carne. Luego, añada la carne y dórela por todos los lados, teniendo cuidado de no quemarla.

3. Saque la carne y póngala a un lado. Agregue las cebollas y saltéelas durante 2 o 3 minutos. Baje el fuego a mediano, agregue el adobo que guardó y cocine a fuego lento por aproximadamente 5 minutos. Añada el vino seco, las hojas de laurel, el caldo de pollo y la carne. Baje la temperatura a fuego entre mediano y bajo y tape la olla, dejando la tapa ligeramente abierta.

4. Cueza los ingredientes a fuego lento durante aproximadamente 75 minutos. Saque la carne de la olla y córtela en sentido transversal a la fibra de la carne, en tajadas de ½ pulgada de grosor; luego, vuelva a colocar las tajadas en la olla y cocínelas a fuego lento entre 60 y 90 minutos, o hasta que la carne esté blanda.

5. Cuando esté suficientemente blanda, sáquela de la olla y guarde el jugo de la cocción. Trabajando por tandas, tome más o menos 1 taza de las cebollas cocinadas y el jugo de la carne y páselos por un colador a un tazón, para preparar una salsa acompañante.

6. Vierta sobre cada tajada de boliche un poco de esta salsa y sírvalas con arroz blanco y frijoles negros, y plátanos maduros a un lado.

Secreto de la cocina

La abuela de Gloria, Consuelo, acostumbraba a preparar una versión de este plato, conocida como "carne mechada". Para hacer carne mechada, antes de dorar la carne, hágale, con un cuchillo de hoja larga, dos cortes a lo largo formando una "X" y coloque en la cavidad un chorizo español, de tamaño grande (o dos o tres pequeños). El nombre de carne mechada, probablemente se deriva del hecho de que el chorizo embutido en la carne se asemeja a una mecha colocada dentro de una vela. Independientemente del origen del término, el sabor del chorizo penetra la carne y le da un gusto más acentuado que la versión "sin mecha".

LECHÓN ASADO

Lechón asado

(PUERCO ASADO AL ESTILO CUBANO)

———∞———

En la mayoría de los hogares cubanos, el lechón asado se sirve siempre en ocasiones importantes. Antes que nada, es el plato principal de nuestra cena de Nochebuena, pero además se ofrece en bodas, bautizos y cualquier otra reunión especial. Normalmente, consiste en asar un cerdo entero y su preparación es en sí misma toda una fiesta.

Lo que más importaba a mi abuela era que la piel quedara bien crujiente. Primero, ella cocinaba la carne en algún medio que conservara el vapor, bien fuera en una caja china o, si se trataba de un pernil en el horno, envuelta en papel aluminio. De esa forma, la carne se cocía completamente, pero quedaba jugosa. No ase un puerco sin taparlo, porque se reseca.

Luego, al final, ella retiraba el papel aluminio para que la piel se dorara. Así, la grasa se había derretido, dejando la piel tan crujiente que parecía una galletita. Pero la carne quedaba jugosa, suave y totalmente cocida.

Es por eso que yo considero a la caja china un medio excelente para cocinar un cerdo entero. Es una especie de parrilla cerrada que evita que la carne se reseque mientras se cocina. Aunque se llama "caja china" y las versiones sobre su origen exacto son contradictorias, se sabe con bastante certeza que se inventó en Cuba para cocinar los cerdos enteros. Hoy en día, las puede comprar por Internet y son fabulosas para asar cerdos.

—Gloria

———∞———

6 a 8 tazas de mojo modificado*
(vea la receta en la página 159)

1 pierna de puerco, de 8 a 10 lb.
(con el hueso y la piel)

2 cebollas medianas, molidas

aceite de oliva

1 cucharadita de comino en polvo

1 cebolla grande, rebanada

1 taza de vino seco o de vino blanco seco

* Para modificar el mojo para este plato, no le ponga aceite de oliva, ya que el puerco tiene grasa suficiente.

1. En un tazón mediano, mezcle el mojo, las cebollas, el comino y el vino seco. El adobo debe tener la consistencia de una pasta grumosa.

2. Lave el puerco bajo agua fría y séquelo con papel toalla o con un repasador de tela. Con un cuchillo afilado, ábrale orificios por toda la piel. Colóquelo en una bandeja para asar profunda y viértale el mojo por encima cubriendo toda su superficie. (Si tiene una jeringa para rociar jugos, puede usarla para inyectar el mojo al puerco). Cubra y refrigere el puerco, y déjelo en adobo durante 24 horas como mínimo, volteándolo al menos una vez.

3. Caliente el horno a 325° F. Cubra el puerco con papel aluminio y cocínelo durante 4 o 5 horas —aproximadamente 30 minutos por libra. Quítele el papel durante la última hora de asado para que se dore la piel. El lechón estará listo cuando su temperatura interna (medida con un termómetro de lectura instantánea) alcance 180° F.

4. Retire el puerco asado del horno, páselo a una tabla para picar y cúbralo con papel aluminio. Cuele el jugo que quedó en la bandeja con un separador de grasas y, una vez desgrasado, viértalo en una salsera para que los comensales lo compartan en la mesa. (Si no tiene un separador de grasa, vierta el jugo en un tazón profundo y déjelo enfriar. La grasa se acumula en la superficie y se puede sacar con un cucharón.)

5. Deje reposar el puerco por al menos 15 minutos y luego píquelo.

6. Caliente 2 o 3 cucharadas de aceite de oliva a fuego mediano, justo hasta que se sienta su aroma; añada luego las cebollas y saltéelas hasta que estén transparentes.

7. Vierta sobre cada porción de lechón un poco de las cebollas salteadas. Sírvalo con arroz blanco y frijoles negros (o con moros, si lo prefiere) y plátanos fritos verdes o maduros.

"Vaca frita" de pollo

(POLLO RIPIADO ADOBADO CON MOJO CUBANO)

———— ✺ ————

S i se trata de pollo no puede ser vaca frita, pero el nombre del plato se refiere a la forma en que se cocina y se adoba.

La vaca frita normalmente se hace con carne de falda, que se hierve, se deshilacha, se adoba y luego se fríe. Tiene un agradable sabor a ajo, y queda riquísima cuando se le exprime jugo de limón por encima en el plato ya servido y humeante.

Esta versión se hace con pollo en lugar de res, pero en lo demás se prepara de manera idéntica al plato cuyo nombre toma prestado. Como resultado, se obtiene una versión del original más ligera, perfecta para los que prefieren el pollo.

—Emilio

———— ✺ ————

RINDE 6 PORCIONES

6 pechugas grandes de pollo, deshuesadas y sin piel

1 ½ cucharadita de sal

8 dientes de ajo, picaditos

1 cebolla mediana, picada

1 cucharadita de orégano deshidratado

1 hoja de laurel

½ taza de jugo de limón verde

8 tazas de agua, o más según sea necesario

aceite vegetal para dorar la carne

aceite de oliva para saltear

1 cebolla blanca mediana, picada en rodajas muy finas

2 limones verdes, cortados en cuñas, para servir como guarnición

1. Ponga el pollo en una olla grande y cúbralo con agua. Agregue 1 cucharadita de sal, aproximadamente la mitad del ajo triturado y las cebollas picadas.

VACA FRITA DE POLLO

2. Deje hervir la mezcla a fuego entre mediano y alto. Luego, reduzca la temperatura a media y cocine el pollo sin tapar la olla durante 30 o 40 minutos, hasta que esté completamente cocido, agregando agua si es necesario para que no se seque.

3. Saque el pollo de la olla y déjelo enfriar. Con la parte dentada de un mazo para carnes, golpee cuidadosamente cada pechuga hasta que tenga sólo ½ pulgada de grosor. Las pechugas machacadas deben tener una apariencia deshilachada. Coloque las pechugas en una bandeja para hornear grande y esparza sobre ellas, de manera uniforme, el resto del ajo, el orégano, la hoja de laurel, el jugo de limón y la ½ cucharadita de sal restante. Deje el pollo en adobo en el refrigerador durante 2 o 3 horas. Cuando las vaya a preparar, saque las pechugas del adobo, séquelas con papel toalla y cerciórese de que no le queden trocitos de ajo.

4. Engrase ligeramente una sartén grande con aceite vegetal y caliéntela a fuego alto. (La sartén debe estar lo suficientemente caliente como para dorar la carne, pero se debe tener cuidado de no quemar el aceite.) Ponga tandas de 1 o 2 pechugas cada vez, y cocínelas a fuego vivo durante 1 o 2 minutos por cada lado, hasta que la carne quede dorada y tenga una textura crujiente en el exterior. Sáquelas y déjelas a un lado. (Si es necesario, use una hoja de papel toalla para volver a engrasar la sartén entre tanda y tanda.)

5. Cuando haya dorado todas las pechugas, limpie la sartén con una hoja de papel toalla, añada 1 cucharada de aceite de oliva y caliéntelo a fuego entre mediano y alto. Saltee las cebollas durante 4 o 5 minutos aproximadamente, hasta que estén transparentes.

6. Vierta las cebollas salteadas sobre las pechugas de pollo y sírvalas con las cuñas de limón.

ARROZ CON POLLO

Arroz con pollo

(POLLO Y ARROZ AMARILLO)

———

Durante mi infancia en Cuba, toda mi familia venía a comer con nosotros los domingos. Nos sentábamos a la enorme mesa que había en la cocina en la casa de mis padres en Santiago de Cuba y mi madre servía el mejor arroz con pollo del mundo.

El arroz con pollo al estilo cubano adquiere su color debido al bijol en polvo que algunas veces usamos en lugar del azafrán. No da exactamente el mismo gusto que el azafrán, pero es bueno. Le da al arroz con pollo ese sabor cubano único, que lo hace distinguirse de los demás.

Mi madre hacía el arroz "mojado", no seco — lo que llamamos asopado o "a la chorrera". Pero usted puede experimentar con diferentes cantidades de caldo de pollo, de agua y de vino seco hasta obtener la consistencia que prefiera.

—Emilio

———

1 frasco pequeño de pimientos morrones (pimientos rojos asados)

⅓ de taza de aceite de oliva

2 pollos enteros, con hueso y piel, cortados en postas

1 cebolla blanca grande, picada

1 pimiento (ají) verde, sin corazón, ni semillas y picado en trocitos

4 dientes de ajo, triturados (con un triturador de ajos o en un mortero)

2 cucharaditas de sal

½ cucharadita de pimienta negra recién molida

1 cucharadita de bijol en polvo

2 cucharaditas de orégano deshidratado

1 pizca de comino en polvo

1 hoja de laurel

1 taza de salsa de tomate

4 tazas de arroz precocido o vaporizado, bien enjuagado

1 cuarto de galón de caldo de pollo

4 tazas de agua

1 taza de vino seco

½ taza de guisantes (*petit pois*) enlatados o congelados

1. Pique en tiras finas los pimientos morrones y guarde el líquido.

2. En una olla grande o una cacerola de las conocidas como "horno holandés", caliente el aceite de oliva a fuego entre mediano y alto, hasta que desprenda olor. Luego, dore ligeramente las presas de pollo. Saque el pollo y déjelo a un lado.

3. Añada las cebollas, los pimientos verdes y el ajo, y sofríalos hasta que las cebollas estén transparentes, por unos 3 o 4 minutos.

4. Añada los pimientos morrones picados y el líquido que guardó, la sal, la pimienta, el bijol, el orégano deshidratado, el comino en polvo, la hoja de laurel, la salsa de tomate y el arroz precocido, y cuézalo todo durante 3 o 4 minutos, removiéndolo frecuentemente.

5. Añada el caldo de pollo, el agua, el vino seco y el pollo dorado y déjelo hervir. Luego, tape la olla y cocine a fuego lento durante 30 o 40 minutos, o hasta que el pollo y el arroz estén bien cocidos. Agregue los guisantes (*petit pois*) y cocínelos unos 5 o 10 minutos más. Antes de servir, saque la hoja de laurel.

Secreto de la cocina

Con esta versión de arroz con pollo se obtiene un arroz más seco. Si prefiere un arroz más "mojado", al que llamamos "asopado" o "a la chorrera", sustituya el arroz precocido por arroz de grano corto (Valencia) y use 12 tazas de agua (en lugar de 4). Es posible que necesite cocinarlo por un tiempo mayor que el indicado antes de añadir los guisantes (*petit pois*) para obtener el grado de "humedad" deseado del arroz.

FRICASÉ DE POLLO

Fricasé de pollo

———— ∞∞ ————

El fricasé de pollo es parecido a la carne con papas, pero hecho con pollo. Básicamente es guiso de pollo.

Verdaderamente, la salsa es lo que distingue al plato, y mezclada con arroz es una de mis comidas predilectas.

El pollo es un alimento mucho más ligero que la carne de res y, si desea preparar un plato aún más saludable, cocine el pollo sin la piel. Puesto que no se cocina en el horno, puede quitarle la piel sin mayores consecuencias porque la salsa mantiene el pollo bien húmedo.

Este es uno de esos platos que usted querrá definitivamente disfrutar con un pedazo de pan cubano. ¡Empapar el pan en la salsa es divino!

—Gloria

———— ∞∞ ————

2 pollos enteros, con hueso y piel, cortados en postas

1 cebolla grande, picada en trocitos menudos

1 pimiento (ají) verde y 1 rojo, sin corazón ni semillas, picados en trocitos menudos

1 taza de vino seco

1 lata de 8 oz. de salsa de tomate

¼ de cucharadita de sal

2 cucharaditas de orégano deshidratado

1 pizca de comino

1 cucharadita de bijol

3 dientes de ajo, triturados (con un triturador de ajos o en un mortero)

2 cuartos de galón de caldo de pollo

2 zanahorias, peladas y cortadas transversalmente en trozos de ½"

3 papas *Russet*, peladas y picadas en cuartos

½ taza de aceitunas rellenas con pimientos (opcional)

1. Coloque todos los ingredientes, salvo las zanahorias y las papas, en una olla grande con tapa o en una cacerola de las conocidas como "horno holandés". Deje hervir la mezcla a fuego entre medio y alto. Luego, baje la temperatura a fuego mediano y cocine durante 45 minutos, removiéndola de vez en cuando.

2. Agregue las zanahorias, papas y las aceitunas rellenas, y cueza todo unos 30 minutos más, o hasta que las zanahorias y las papas se sientan blandas al pincharlas con un tenedor.

3. Sirva el fricasé con arroz blanco.

Pollo asado

⸺✦⸺

E l pollo asado es uno de mis platos favoritos de toda la vida. Es otro plato que los cubanos compartimos con las cocinas del resto del mundo, pero que hacemos a nuestro modo usando una salsa criolla para asar el pollo. Y el jugo de limón le da un toque adicional. Esta es exactamente la receta que preparaba mi abuela. El pollo queda jugoso, pero la piel se mantiene crujiente y con mucho sabor. ¡Me encanta!

—Gloria

⸺✦⸺

RINDE 4 PORCIONES

2 pollos enteros

sal al gusto

orégano deshidratado al gusto

3 tazas de jugo de naranja agria

6 dientes de ajo, picaditos

SALSA CRIOLLA:

½ taza de aceite vegetal

1 cebolla mediana, pelada y cortada en cubitos

1 pimiento (ají) verde y 1 rojo, sin corazón ni semillas, cortados en cubitos

2 tazas de puré de tomate

1 taza de *ketchup*

4 tazas de agua

2 cucharadas de ajo en polvo

½ cucharadita de sal (o más, al gusto)

1 cucharada de orégano

1 pizca de comino en polvo

2 hojas de laurel

1 taza de vino seco

aceite de oliva para rociar

POLLO ASADO

1. Quítele el pescuezo y los menudos al pollo, lávelo bien con agua fría del grifo, séquelo con papel toalla y córtelo a la mitad. Espolvoree el pollo por todas partes con sal (generosamente) y orégano (ligeramente).

2. En un tazón, mezcle el jugo de naranja agria (en todas las recetas de este libro puede sustituir el jugo de naranja agria por una mezcla de 2 partes de jugo de limón verde y 1 parte de jugo de naranja) con el ajo. Coloque el pollo, con el lado de la piel hacia abajo, en una bandeja de hornear, y cúbralo completamente con el adobo de naranja agria y ajo. Tápelo y déjelo en el refrigerador de un día para otro.

3. Aproximadamente una hora antes de asar el pollo, prepare la salsa criolla, de la siguiente forma: en una cazuela u olla grande, caliente el aceite vegetal a fuego mediano. Agregue la cebolla, luego los pimientos y saltéelos hasta que la cebolla esté transparente, durante unos 3 o 4 minutos; añada luego los demás ingredientes, excepto el vino seco y el aceite de oliva. Deje hervir la mezcla, luego baje la temperatura y cocine a fuego lento durante 30 minutos aproximadamente. Retire la olla del fuego y deje que la salsa se enfríe.

4. Coloque una rejilla en el centro del horno y caliente el horno a 350° F. Retire las hojas de laurel. Vierta la salsa criolla sobre las mitades de pollo, luego el vino seco y rocíele un poco de aceite de oliva. Voltee las mitades, de modo que la piel quede hacia arriba, y cúbralas con papel de aluminio. Coloque el pollo en el horno y áselo durante 45 minutos. Luego quite el papel de aluminio y continúe asando durante 30 o 45 minutos más, para que la piel se dore.

5. El pollo está listo cuando al introducir un termómetro de lectura instantánea en la parte más gruesa de los muslos, éste indique entre 170° F y 175° F.

6. Pase el pollo a una fuente y déjelo reposar por 10 o 15 minutos antes de servirlo.

PESCADO A LA PLANCHA

Pescado a la plancha

(PESCADO FRITO CON AJO Y JUGO CÍTRICO)

———— ✥✥✥ ————

El pescado a la plancha puede ser realmente muy saludable, sobre todo si para hacerlo se usa aceite de oliva en lugar de mantequilla. Nosotros adobamos el pescado con naranja agria y ajo antes de cocinarlo.

A Emilio le gusta el pescado bien cocido, que quede seco y crujiente. A mí me gusta cuando está cocido justo lo necesario, de manera que, sin estar crudo, quede jugoso por dentro.

El lenguado es un pescado que siempre sale de maravillas porque es delgado, pero usted puede probar con cualquier pescado que le guste. Mis preferidos son el mero, el pargo, el róbalo y el dorado, todos pescados que abundan en las costas de la Florida y Cuba. Son deliciosos.

—Gloria

———— ✥✥✥ ————

RINDE 8 PORCIONES

1 ½ taza de jugo de naranja agria

1 cucharadita de sal

1 pizca de pimienta negra

1 pizca de comino en polvo

½ cucharadita de orégano deshidratado

4 dientes de ajo, triturados (con un triturador de ajos o un mortero)

8 filetes de mero o lenguado (de aproximadamente 8 oz. cada uno)

aceite de oliva

1. En un tazón pequeño, bata el jugo de naranja agria (en todas las recetas de este libro puede sustituir el jugo de naranja agria por una mezcla de 2 partes de jugo de limón verde y 1 parte de jugo de naranja) con la sal, el orégano y el ajo triturado.

2. Coloque los filetes en una bandeja para hornear profunda y vierta el adobo sobre el pescado, cerciorándose de que cada filete quede bien sazonado. Cubra la bandeja con un plástico de envolver y colóquela en el refrigerador. Deje el pescado en el adobo por 2 o 3 horas.

3. En una sartén grande, caliente 1 cucharada de aceite de oliva a fuego entre medio y alto, hasta que se sienta su aroma. Baje el fuego a medio y saltee 2 o 3 filetes a la vez (según el tamaño de su sartén), durante aproximadamente 7 u 8 minutos, o el tiempo necesario según el punto deseado, volteándolos una vez a mitad de la cocción. Añada más aceite de oliva entre las tandas, si es necesario.

4. Sirva de inmediato con moros y plátanos maduros.

Camarones enchilados

(CAMARONES AL ESTILO CRIOLLO)

━━━∞━━━

Los camarones enchilados, nombre con que bautizamos a los camarones preparados al estilo criollo, es uno de mis platos favoritos. Me gustan porque son comida criolla auténtica, de la que surgió en la gastronomía de la Isla y los cubanos comemos a diario. Llevan un sofrito hecho con ajo y salsa de tomate, que les da a los camarones el sabor justo.

Una de las cosas que más me gusta de los platillos cubanos como los camarones enchilados es que usted no tiene que usar muchos condimentos o especies, porque todo es sencillo y se elabora con productos que se dan de manera natural en la Isla.

A estas alturas ya se habrá dado cuenta de que los ingredientes básicos de la cocina cubana son el ajo, la cebolla y el limón (o la naranja agria). Agregue puré de tomate y vino seco y tendrá el sofrito que les da a los camarones enchilados su sabor característico, y cuyo olor me trae siempre recuerdos de mi niñez.

—Emilio

━━━∞━━━

CAMARONES ENCHILADOS

1 lata de 15 oz. de salsa de tomate

¼ de cucharadita de sal

¼ de cucharadita de orégano deshidratado

1 pizca de comino en polvo

¼ de taza de aceite de oliva

½ cebolla blanca grande, picada en trocitos menudos

2 dientes de ajo, picaditos

½ pimiento (ají) verde, sin corazón, ni semillas y picado en trocitos menudos

¼ de taza de vino seco

1 taza de aceitunas rellenas con pimiento

3 lb. de camarones grandes, pelados y desvenados

1. En un tazón pequeño, bata la salsa de tomate, la sal, el orégano y el comino.

2. Para hacer el sofrito que se usa en este plato, en una sartén grande caliente el aceite de oliva a fuego entre mediano y alto, justo hasta que se sienta su aroma. Añada las cebollas y sofríalas 1 o 2 minutos. Agregue luego el ajo y el pimiento verde. Siga sofriendo y revolviendo 1 o 2 minutos más, o hasta que las cebollas queden transparentes. Licúe un poco el sofrito, agregándole vino seco y revolviendo suavemente. Vierta la salsa de tomate en la mezcla que se cuece en la sartén, deje que rompa a hervir y baje luego la temperatura a fuego entre mediano y bajo. Añada las aceitunas y deje que la salsa hierva a fuego lento durante unos 15 minutos.

3. Agregue los camarones y cocínelos en la salsa por unos 5 o 6 minutos o hasta que los camarones estén completamente cocidos, revolviendo de vez en cuando. A mitad del tiempo de cocción, voltee los camarones con unas tenazas.

4. Sirva cada porción en un plato pequeño, bañada con una abundante ración de salsa.

Secreto de la cocina

La mejor guarnición para este platillo es el arroz blanco. Justo antes de servirlo, coloque una taza de arroz caliente en cada plato. Luego, vierta los camarones y la salsa de modo que cubran completamente el arroz..

Camarones al ajillo

(CAMARONES EN SALSA DE AJO)

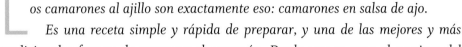

Los camarones al ajillo son exactamente eso: camarones en salsa de ajo.

Es una receta simple y rápida de preparar, y una de las mejores y más tradicionales formas de preparar el camarón. Desde que se saca el marisco del refrigerador hasta el momento en que se sirve, sólo demora unos diez minutos.

Su sabor particular proviene del ajo, el vino y el aceite de oliva que los camarones absorben al cocinarse.

No es recomendable hacerle competencia al sabroso y fuerte gusto del ajo, por lo que este plato generalmente se acompaña simplemente con arroz blanco.

—Emilio

RINDE 4 PORCIONES

1 taza de aceite de oliva

3 lbs. de camarones grandes, pelados, desvenados y sin cola

6 dientes de ajo, picados en rebanaditas finas

1 taza de vino seco

1 cucharadita de sal

¼ de cucharadita de orégano deshidratado

1 pizca de comino en polvo

4 ramitas de perejil

1. En una sartén grande, caliente el aceite de oliva a fuego mediano, hasta que se sienta su aroma. Añada los camarones y el ajo y saltéelos hasta que los camarones comiencen a ponerse rosados (a los 4 o 5 minutos), volteándolos con un par de tenazas.

2. Baje el fuego. Agregue el vino, la sal, el orégano y el comino, y cocínelo todo durante 4 o 5 minutos más.

3. Con las tenazas, saque los camarones de la sartén, viértales la salsa por encima, adórnelos con el perejil y sírvalos con arroz blanco.

Bacalao a la vizcaína

(BACALAO EN SALSA DE TOMATE)

⸺∞⸺

M e encanta el bacalao a la vizcaína por su deliciosa salsa a base de tomate. Se parece a la salsa de la carne con papas y a la salsa al estilo criollo de los camarones enchilados.

Pero es además uno de mis favoritos porque me encanta el bacalao. Esta receta se prepara con el bacalao que se sala para conservarlo. Usted tendrá que dejarlo en remojo de un día para otro, para devolverle su humedad y quitarle la gran cantidad de sal que se usa durante el proceso de curado.

El bacalao tiene un sabor totalmente diferente al del resto de los pescados. Tiene bajo contenido de grasa y es rico en proteínas. Y cuando se prepara a la vizcaína, mezclado con ajo y tomate, se obtiene un plato de los que se enamoran incluso las personas que no comen pescado.

—Gloria

⸺∞⸺

RINDE 4 PORCIONES

1 lb. de bacalao seco (curado con sal)

agua

5 oz. de aceite de oliva

1 cebolla grande, pelada y cortada en cubitos

1 pimiento rojo y 1 pimiento verde grandes, sin corazón ni semillas, y picados en cubitos

2 dientes de ajo triturados (con un triturador de ajos o un mortero)

½ taza de vino blanco seco

1 lata de 15 oz. de salsa de tomate

¼ de cucharadita de orégano deshidratado

1 hoja de laurel

1. Lave el bacalao bajo agua fría durante 5 o 10 minutos. Coloque el bacalao en una bandeja para hornear, cúbralo con agua y déjelo en remojo de un día para otro en el refrigerador. Cambie el agua una o dos veces si desea reducir aún más el contenido de sal. Escurra el bacalao, luego lávelo bajo el agua fría corriente del grifo durante 10 o 15 minutos y séquelo con papel toalla. Desmenuce el pescado en trocitos del tamaño de un bocado.

2. Prepare el sofrito que usará como base para este plato. En una sartén mediana, caliente el aceite de oliva a fuego entre mediano y alto, hasta que se sienta su aroma. Añada luego las cebollas, los pimientos rojo y verde y el ajo, y sofríalos durante 3 o 4 minutos, hasta que las cebollas estén transparentes.

3. Baje la temperatura a fuego entre mediano y bajo y agregue el bacalao, seguido del vino seco, la salsa de tomate, el orégano y la hoja de laurel. Deje que la salsa comience a hervir ligeramente. Luego, reduzca la temperatura, tape la olla y cocínelo todo a fuego lento durante 20 minutos.

4. Sírvalo con arroz blanco y plátanos maduros.

CHULETAS DE PUERCO

Chuletas de puerco

(CHULETAS DE PUERCO AL ESTILO CUBANO)

A los cubanos nos encanta el puerco. Lo comemos a menudo, y no solamente en la versión asada que preparamos en las ocasiones especiales. Las chuletas de puerco es uno de nuestros platos predilectos. Este plato es rápido y fácil de preparar, e indescriptiblemente delicioso.

Lo que hace especiales a las chuletas preparadas al estilo cubano es el mojo, nuestra suprema salsa de ajo y jugo de limón verde. Adóbelas en el mojo durante unos treinta minutos, y habrá convertido unas simples chuletas de puerco en una exquisitez tropical.

Es importante cubrir las chuletas mientras se cocinan; de lo contrario, se pueden resecar. Mantener la sartén tapada permite que se mantengan jugosas. Cuando retire la tapa, puede subir la intensidad del fuego y dejar que los bordes de la carne queden dorados y crujientes.

—Gloria

RINDE 4 PORCIONES

8 chuletas de puerco, de cerca de ½" de grosor

sal al gusto

2 dientes de ajo, triturados (con un triturador de ajos o un mortero)

1 taza de mojo (ver la receta en la página 159)

1 pizca de comino en polvo

1 pizca de pimienta negra

aceite de oliva para saltear

1 cebolla mediana, pelada y cortada en ruedas bien finas

1. Perfore las chuletas de puerco con un tenedor (haga 3 o 4 agujeros en cada chuleta). Colóquelas en una sola capa en una bandeja de hornear profunda y espolvoréeles sal por ambos lados. Luego, fróteles el ajo por toda la superficie. Vierta el mojo sobre toda la carne y espolvoréele la pizca de comino y pimienta negra. Cubra el plato con plástico de envolver y refrigérelo por al menos 6 horas, o de un día para otro.

2. En una sartén grande con tapa, caliente unas 2 cucharadas de aceite de oliva a fuego entre mediano y alto, hasta que se sienta su aroma. Coloque 3 o 4 chuletas a la vez en el aceite caliente y cocínelas entre 4 y 5 minutos por cada lado, o hasta que el puerco esté bien cocido, sin retirar la tapa mientras las cocina. Una vez que la carne esté bien cocida, quite la tapa, suba el fuego y dore un poco los bordes de las chuletas. Saque las chuletas y póngalas a un lado. Agregue aceite de oliva entre las tandas si es necesario.

3. Una vez que las chuletas estén cocidas, retire la sartén de la hornilla y límpiela con una hoja de papel toalla. Añada 2 cucharadas de aceite de oliva y caliéntelo a fuego entre mediano y alto. Saltee las cebollas en la sartén durante 4 o 5 minutos aproximadamente, o hasta que comiencen a dorarse un poco. Vierta las cebollas salteadas sobre las chuletas de puerco y sírvalas de inmediato.

Guarniciones

NAYIB ESTEFAN CON SU ABUELA NENA

UNA COMIDA CUBANA sin guarnición es como un sándwich sin pan. Sencillamente no sería una comida. Y cuando decimos guarnición, nos referimos a ingredientes básicos como plátanos, yuca o arroz y frijoles.

Lo que los norteamericanos hacen con las papas, los cubanos lo hacemos con los plátanos. Los freímos, los hervimos y los hacemos puré. Los plátanos, sin embargo, ofrecen sabores totalmente diferentes, desde salado hasta dulce, según su grado de madurez. Se puede hacer cualquier cosa con los plátanos y ellos realmente ponen un toque especial a toda comida. Mientras más maduros, más dulces son los plátanos. El plátano verde es salado y crujiente.

Algunas personas prefieren los tostones. Otras, los plátanos maduros. A mí me encantan los dos. A los cubanos nos gusta mezclar un poquito de algo dulce con cada bocado. Y conozco a muchos cubanos que simplemente acompañan su comida con una banana cortada en tajadas, cuando no tienen el plátano vianda. Hay quienes encuentran esto raro, pero para nosotros es algo natural.

Si no hay plátanos en la mesa, lo más probable es que se sirva yuca. La yuca fue uno de los cultivos que los españoles descubrieron en la isla. Es un tubérculo con alto contenido de almidones que puede servir de sustituto a las papas en las comidas cubanas, aunque no solemos comer yuca todos los días. Es parte habitual de nuestra tradicional cena de Nochebuena. Su consistencia es bastante blanda, pero hervida a fuego lento y servida con mojo resulta deliciosa.

Salvo, como es obvio, el arroz con pollo y la paella, ninguna comida cubana está completa si no incluye arroz blanco y, casi siempre, frijoles negros. Esa es la verdadera comida criolla, mezcla de nuestras raíces españolas y autóctonas.

Los españoles le tomaron gusto rápido y usaron su estilo culinario tradicional para hacer de los frijoles negros un plato genuinamente cubano. Lo servimos sobre el arroz, para mezclar los sabores. O se los puede cocinar juntos para crear una versión más seca, denominada "moros". Al cocinarse de esa manera, los frijoles negros transfieren al arroz su sabor y color, creando una textura y un gusto únicos.

Los frijoles negros forman parte regular de nuestras comidas diarias. Sería muy difícil hallar una cena cubana que no los incluya.

En esta sección hemos reunido algunas de nuestras guarniciones tradicionales preferidas. Tómese la libertad de mezclar los platos, como nosotros lo hacemos, para obtener las combinaciones que más le gusten. No existen reglas sobre qué debe ir con qué; sírvalos a su gusto.

—Gloria

TOSTONES CON MOJO

Tostones con mojo

(PLÁTANOS VERDES CON ADEREZO A BASE DE AJO))

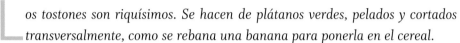

Los tostones son riquísimos. Se hacen de plátanos verdes, pelados y cortados transversalmente, como se rebana una banana para ponerla en el cereal.

Hay que freírlos dos veces. La primera vez, se fríen tras pelar el plátano verde y cortarlo en pequeños trozos redondos. Luego, se sacan del aceite y se colocan en una prensa especial, llamada tostonera. Aunque se pueden usar otros métodos para aplastarlos. Mi abuela usaba a veces dos platos. O los aplastaba con las manos, entre dos paños de gasa.

Uno de los secretos que aprendí con mi abuela para hacer los tostones, es el sumergirlos en agua con sal después de freírlos la primera vez. Luego, se fríen por segunda vez. Quedan crujientes y realmente deliciosos. Si decide probar el método de mi abuela, tenga sumo cuidado cuando fría los plátanos remojados, pues las gotas de agua pueden hacer que el aceite caliente salpique.

—Gloria

RINDE 4 PORCIONES

2 plátanos verdes grandes	**sal a gusto**
aceite vegetal	**½ taza de mojo (ver la receta en la página 159)**

(ver la receta en la página 159)

1. Pele los plátanos y córtelos en tajadas transversales de 1".

2. Llene con aceite vegetal una sartén grande, más o menos hasta la mitad de su altura y caliente el aceite a fuego entre mediano y alto a 365° F.

3. Con un par de tenazas, coloque cuidadosamente las tajadas de plátano en el aceite caliente, en una sola capa. Fríalas durante 3 o 4 minutos por cada lado o hasta que comiencen a adquirir un color dorado. Con cuidado, saque los plátanos del aceite y colóquelos en un plato forrado con papel toalla, para que éstas absorban el exceso de grasa. Baje el fuego, o, si el resto de la cena todavía no está listo, apague la hornilla.

4. Deje enfriar los tostones durante 5 minutos. Luego, aplástelos en una tostonera o colocando los trozos entre dos platos, hasta dejarlos de un grosor de ¼".

5. Caliente el aceite vegetal a 385° F a fuego entre mediano y alto.

6. Cuando el aceite se haya calentado a la temperatura adecuada, tome los tostones con un par de tenazas y vuelva a colocarlos en la sartén, en una sola capa (es posible que deba prepararlos por tandas), y fríalos unos 3 o 4 minutos más, hasta que adquieran un color dorado oscuro.

7. Saque los tostones y páselos a una fuente forrada con papel toalla, para eliminar el exceso de grasa. Espolvoréelos con sal, a gusto, páselos a la fuente de servir y sírvalos calientes, colocando al lado una pequeña salsera con mojo y una cuchara para rociarlos.

Secreto de la cocina

Algunos paisanos — llamémosles "puristas" — prefieren los tostones sin mojo, y lo cierto es que este delicioso regalo tropical es igual de bueno sin untarle salsa alguna. De modo que si no tiene tiempo para preparar el mojo, o no le gusta el ajo, sírvalos simplemente con sal.

Plátanos maduros

(PLÁTANOS MADUROS FRITOS)

———— ❧ ————

Los cubanos usamos los plátanos verdes para hacer tostones, pero también freímos los plátanos maduros.

A diferencia de los verdes, a los plátanos maduros hay que freírlos sólo una vez. Preparados así son deliciosos, pero para las personas que, como yo, no comen muchas cosas fritas, tengo una excelente manera de hacer, en un dos por tres, una versión baja en calorías.

Yo los llamo "plátanos nucleares". Lo que hago es que tomo un plátano bien maduro, le corto las puntas, lo corto al medio a lo largo y lo envuelvo en papel parafinado, torciendo el papel en los extremos como un caramelo Tootsie Roll. Dejo la envoltura un poco suelta para que el plátano tenga espacio al inflarse y lo pongo en el microondas por un minuto y medio.

No tiene que ponerle nada. Puesto que no lo hierve, no menoscaba su sabor. El plátano tiene azúcar suficiente para conservar su exquisito sabor sin necesidad de freírlo. Eso sí, tiene que estar bien maduro. Es una magnífica alternativa a uno de los favoritos cubanos tradicionales.

—Gloria

———— ❧ ————

RINDE 4 PORCIONES

2 plátanos grandes bien maduros (con muchas manchas negras o con la piel casi completamente negra)

aceite vegetal

PLÁTANOS MADUROS

1. Pele los plátanos y córtelos en diagonal, en tajadas de ¾" de grosor aproximadamente.

2. En una sartén profunda, vierta aceite vegetal suficiente como para cubrir hasta 1" desde el fondo de la sartén. Caliente el aceite a fuego entre mediano y alto a 365° F.

3. Con una espumadera, coloque cuidadosamente las tajadas de plátano (2 o 3 a la vez) en la sartén. Trate de mantenerlas en una sola capa, aunque es posible que algunas se peguen entre sí. Fríalas durante 2 minutos aproximadamente, volteándolas y revolviéndolas de vez en cuando. Baje luego la intensidad del fuego a entre mediano y bajo y siga cocinando los plátanos hasta que estén acaramelados y de un color marrón dorado oscuro.

4. Con mucho cuidado, saque los plátanos con la espumadera y colóquelos en un plato forrado con papel toalla para eliminar el exceso de aceite. Sírvalos calientes.

Secreto de la cocina

Si está tratando de bajar de peso, quizás desee probar esta alternativa "saludable" a la versión frita. Es casi tan sabrosa como la original y tiene menos grasa y calorías. Para hacerla necesita 2 plátanos grandes bien maduros (con muchas manchas negras o con la piel casi completamente negra), papel parafinado y un horno de microondas.

1. Córtele las dos puntas a los plátanos y hágale un corte en el centro (a lo largo) a cada uno.

2. Envuelva cada plátano en papel parafinado, dejando la envoltura un poco suelta.

3. Coloque los plátanos en un plato que se pueda poner en el microondas, y cocínelos durante 1 · minuto en la graduación Alto.

4. Deje reposar los plátanos durante 3 o 4 minutos; luego pélelos y córtelos en tajadas diagonales de cerca de 1" de grosor y sírvalos.

FRIJOLES NEGROS

Frijoles negros

———✥———

Pocas cosas son tan cubanas como los frijoles negros. Los indios taínos que vivían en Cuba cultivaban y comían frijoles negros mucho antes de que Cristóbal Colón atravesara el Atlántico y los "descubriera".

Pero no fue hasta que recibieron las influencias española y africana que los frijoles negros se convirtieron en el plato que hoy conocemos.

Los frijoles nos gustan suaves y, algo que no hacían los aborígenes, les agregamos vino seco para darles un gusto singular.

Sin embargo, lo que distingue al sabor de los frijoles negros al estilo cubano es el sofrito, la mezcla salteada de cebollas, ajo y pimientos verdes.

Ninguna comida cubana está completa si no se acompaña de frijoles negros.

—Emilio

———✥———

RINDE DE 8 A 10 PORCIONES

1 lb. de frijoles negros

10 tazas de agua

1 pimiento (ají) verde grande, sin corazón ni semillas, cortado a la mitad

1 cebolla blanca grande, pelada y cortada a la mitad

5 dientes de ajo, 4 de ellos triturados (con un triturador de ajos o un mortero)

2/3 de taza de aceite de oliva

1 hoja de laurel

3/4 de cucharadita de orégano

sal a gusto

comino en polvo a gusto (opcional)

1/2 taza de vino seco

2 cucharadas de vinagre de vino rojo (opcional)

1. Lave bien los frijoles y sáqueles toda suciedad o materia extraña. Coloque los frijoles lavados en una olla grande con tapa o en una cacerola de las conocidas como "horno holandés". Eche el agua en la olla, tápela y deje los frijoles en remojo de un día para otro, o al menos durante 6 horas.

2. Encienda la hornilla a fuego entre mediano y alto y deje hervir los frijoles. Agregue una de las mitades de pimiento verde, una de las mitades de la cebolla y un diente de ajo. Tape la olla y reduzca la intensidad del fuego, cocine los frijoles entre 45 y 60 minutos, o hasta que estén blandos.

3. Entre tanto, pique en trocitos muy menudos las otras mitades del pimiento verde y la cebolla, que se usarán en el sofrito para sazonar los frijoles. En una sartén grande, caliente el aceite de oliva a fuego entre mediano y alto, hasta que pueda sentir su aroma. Añada luego las cebollas picadas y el ajo triturado, y sofríalos por 3 o 4 minutos hasta que las cebollas estén transparentes. Agregue el pimiento verde picado y cocine todo durante 2 minutos, revolviendo constantemente. Retire la sartén del fuego.

4. Cuando los frijoles estén blandos (vea el paso 2), vierta el sofrito sobre los frijoles y añada la hoja de laurel, el orégano, la sal, el comino en polvo (si lo desea) y el vino seco, y revuelva suavemente para incorporar los ingredientes añadidos. Tape la olla y cocínelos a fuego lento entre 30 y 45 minutos más. Si lo desea, vierta el vinagre en los últimos 10 o 15 minutos. (Si prefiere los frijoles más espesos, debe destapar la olla durante los últimos 10 o 15 minutos de cocción, pero manténgase al tanto y vigilante, ¡no sea que termine obteniendo un pastel de frijoles negros!)

5. Retire la hoja de laurel. Sirva los frijoles bien calientes sobre arroz blanco.

ARROZ BLANCO

Arroz blanco

—∞∞∞—

Alos cubanos les gusta el arroz blanco de grano largo, por lo general más seco y desgranado que el arroz pegajoso que hacen los chinos al vapor. Este es nuestro ingrediente básico en cuanto a carbohidratos, y es difícil imaginarse una cena que no incluya el arroz de una forma u otra.

Incluso el del arroz con pollo es en realidad arroz blanco con una pizca de bijol en polvo o azafrán, que se le agrega para darle ese color dorado.

Aunque somos muy puntillosos respecto a la manera de preparar el arroz, rara vez lo comemos solo. Le echamos frijoles colorados o negros por encima, lo mezclamos con la salsa del plato fuerte o lo cocinamos junto con los frijoles para hacer moros o congrí, pero casi nunca lo comemos sin otro acompañante. A algunas personas les gusta servirse el arroz blanco con un huevo frito para el desayuno.

De modo que, si va a preparar una comida cubana auténtica, tiene que incluir el arroz (¡y los frijoles también!).

—Emilio

—∞∞∞—

RINDE 4 PORCIONES

2 tazas de arroz blanco de grano largo

3 tazas de agua

1 cucharada de aceite de oliva

1 cucharadita de sal

1. Ponga el arroz en un colador y lávelo bien bajo el agua fría corriente del grifo.

2. Eche el arroz lavado en una olla grande y agregue el aceite de oliva, el agua y la sal.

3. Déjelo hervir a fuego entre mediano y alto. Revuélvalo una vez, tape la olla, reduzca el fuego a la graduación baja y cocínelo durante 20 minutos. ¡No le quite la tapa a la olla! Cuando transcurran los 20 minutos, retire la olla de la hornilla y déjela reposar entre 5 y 10 minutos. Revuelva el arroz con un tenedor para esponjarlo un poco y sírvalo de inmediato.

Moros

(ARROZ BLANCO COCINADO CON FRIJOLES NEGROS)

———✺———

Una comida sin arroz es prácticamente inimaginable para los cubanos. Y una de nuestras formas favoritas de prepararlo es cocinándolo junto con los frijoles.

Si le gusta una mezcla más húmeda de arroz y frijoles, entonces preferirá el arroz blanco regular con los frijoles negros servidos por encima. Pero si prefiere el arroz un poco más seco, lo suyo sin duda son los moros. Estos tienen un sabor diferente, porque el arroz absorbe el sabor de los frijoles negros. Es delicioso, pero tiene un sabor y textura totalmente distintos.

En los moros, el arroz queda más esponjoso, y como se cocina con caldo de carne de res o de pollo y con trocitos de tocino, tiene un sabor ahumado o a carne que no se obtiene con los frijoles negros.

Por supuesto, también se puede hacer una versión vegetariana, usando caldo de vegetales en lugar de caldo de carne o pollo y prescindiendo del tocino. Es un platillo delicioso.

—Gloria

———✺———

1 lb. de frijoles negros secos

6 tazas de agua

3 tazas de arroz blanco de grano largo

2 cucharadas de aceite de oliva

2 cucharadas de aceite vegetal

2 tiras de tocino, picadas en trocitos

1 cebolla blanca grande, pelada y picada en trocitos menudos

1 pimiento (ají) verde grande, sin corazón ni semillas y cortado en cuartos

3 dientes de ajo, triturados (con un triturador de ajos o un mortero)

4 ½ tazas de caldo de carne de res o de pollo (o de caldo vegetal)

1 cucharadita de sal

½ cucharadita de pimienta negra recién molida

1 cucharadita de orégano

¼ de cucharadita de comino en polvo

1 hoja de laurel

Secreto de la cocina

Para hacer una versión "vegetariana" de este plato excluya el tocino y use caldo de vegetales en lugar de caldo de carne de res o de pollo.

1. Lave bien los frijoles y sáqueles toda suciedad o materia extraña. Coloque los frijoles lavados en una olla grande. Agregue el agua y ponga la olla a hervir, a fuego entre mediano y alto. Baje el fuego, tape la olla y cueza los frijoles durante 60 minutos aproximadamente o hasta que los frijoles estén blandos. Escúrralos con un colador o escurridor.

2. Mientras tanto, ponga el arroz en un colador y lávelo bien bajo el agua fría del grifo. Póngalo a un lado, deje que se escurra el exceso de agua y se seque, durante aproximadamente 15 o 20 minutos.

3. Cuando los frijoles estén blandos y se haya escurrido el agua en que se cocieron, caliente el aceite de oliva junto con el aceite vegetal a fuego entre mediano y alto, en una olla sopera con tapa o una cacerola de las conocidas como "horno holandés". Agregue el tocino y sofríalo durante 2 o 3 minutos. Añada luego las cebollas y el pimiento verde y continúe sofriendo por unos 3

o 4 minutos más, o hasta que las cebollas estén transparentes. Agregue el ajo y el arroz lavado y sofría durante otros 2 minutos, cubriendo bien todo el arroz con el sofrito.

4. Añada el caldo de carne de res o de pollo, la sal, la pimienta, el orégano, el comino en polvo y la hoja de laurel y deje que toda la mezcla hierva, revolviéndola de vez en cuando.

5. Reduzca el fuego a la graduación baja, tape la olla y cocine a fuego lento durante 20 minutos. Quite la tapa y pruebe el arroz, para cerciorarse de que esté bien cocido. Si no lo está, vuelva a colocar la tapa a la olla y cocínelo entre 5 y 10 minutos más.

6. Retire la hoja de laurel y los trozos de pimiento verde y sírvalo caliente.

YUCA CON MOJO

Yuca con mojo

———∞———

L a yuca es otro de esos alimentos que los aborígenes taínos cultivaban y comían mucho antes de que los españoles arribaran a la isla.

Se trata de un tubérculo rico en almidón, de piel marrón y pulpa blanca, que los cubanos comemos en lugar de la papa. La servimos en ocasiones especiales y es parte habitual de nuestra cena tradicional de Nochebuena.

El escoger una yuca fresca tiene sus trucos, incluso para los experimentados cocineros cubanos. La yuca congelada suele quedar más suave y con mejor apariencia, así que quizás prefiera probar esa variante.

Algunas veces hacemos lo que llamamos "asustar la yuca", para que quede más blanda. Luego de hervirla por un rato y de que se empiece a ablandar, le añadimos agua fría para "asustarla" y la dejamos hervir de nuevo.

Por sí sola, la yuca es bastante sosa, pero bañada en mojo es deliciosa. Sin embargo, es muy importante usar el mojo adecuado para acompañarla. El que usamos es ligeramente diferente del que usamos para el lechón asado. En el caso de la yuca, utilizamos jugo de naranja agria y ajo, igual que antes, pero sofreímos un poco el ajo en aceite de oliva antes de verter la mezcla sobre la vianda. El mojo resalta el sabor de la yuca sin opacarla y le da un agradable gusto a ajo.

—Emilio

———∞———

2 lb. de yuca

2 cuartos de galón de agua

1 cucharadita de sal

1 taza de agua helada

MOJO:

3 onzas de jugo de naranja agria

½ cucharadita de sal

2 cucharadas de aceite de oliva

6 dientes de ajo, triturados (con un triturador de ajos o un mortero)

NOTA: El mojo para este plato es diferente del de nuestra receta regular de mojo criollo.

1. Pele y lave bien la yuca. Córtela en trozos (de entre 2" y 3" de largo).

2. Ponga a hervir el agua con la sal en una olla grande. Agregue la yuca y deje que el agua vuelva a hervir. Luego, reduzca la temperatura a fuego lento y cocine la yuca, sin tapar la olla, durante aproximadamente 15 o 20 minutos o hasta que la yuca comience a abrirse.

3. Añada el agua helada y cocine entre 5 y 10 minutos más o hasta que la yuca se abra y se sienta blanda al pincharla con un tenedor. (Si la yuca no se abre por sí misma puede usar un tenedor para abrirla). Escurra la yuca y quítele las fibras del centro.

4. En un tazón mediano, bata delicadamente la naranja agria (en todas las recetas de este libro puede sustituir la naranja agria por una mezcla de 2 partes de jugo de limón verde y 1 parte de jugo de naranja) y la sal. Ponga la mezcla a un lado.

5. En una cazuela pequeña, caliente el aceite de oliva a fuego mediano, hasta que pueda percibir su aroma. Añada luego el ajo. Sofría el ajo durante 1 minuto y retírelo de inmediato de la hornilla. (Para este plato, no se debe dorar el ajo). Déjelo enfriar durante 2 minutos. Luego, vierta la mezcla de aceite de oliva y ajo caliente en la mezcla de naranja agria y sal, y bátalos.

6. Vierta el mojo tibio sobre la yuca y sírvala.

Secreto de la cocina

El lograr que la yuca fresca se ablande es difícil, incluso para los avezados cocineros cubanos. Le recomendamos usar yuca congelada, que puede hallar en la mayoría de los supermercados latinos. ¡La yuca congelada queda bien siempre!

MOJO CRIOLLO

Mojo criollo

━━━∞∞∞━━━

El mojo criollo es nuestra salsa suprema a base de ajo, y el ingrediente secreto que convierte en especiales a muchos de nuestros platos.

Su presencia es absolutamente indispensable junto al lechón asado y el pan con lechón, y es la salsa ideal para mojar las mariquitas de plátano y la yuca frita al estilo cubano.

A diferencia de muchos de nuestros sofritos, en los que se usa limón verde o tomate para sazonar los platos, el mojo criollo lleva el sabor cítrico de la naranja agria.

Ese es otro de los sabores que nos legó la tradición árabe, a través de los conquistadores. Los moros fueron quienes dieron a conocer la naranja agria en España. Los españoles la trajeron consigo al Nuevo Mundo, junto con su técnica culinaria de usarla para adobar el pescado y la carne. En Cuba le añadimos el ajo, y decidimos que el nuevo invento criollo se podía usar con una variedad de comidas, incluyendo los plátanos y la yuca.

—Gloria

━━━∞∞∞━━━

RINDE APROXIMADAMENTE 1 TAZA DE MOJO

10 a 12 dientes de ajo

2 cucharaditas de sal

½ cucharadita de pimienta negra

1 cucharadita de orégano deshidratado

¾ de taza de jugo de naranja agria

¼ de taza de aceite de oliva

1. Pele y machaque el ajo, en tandas de más o menos 6 dientes, usando un mortero (o tritúrelo con un triturador de ajos).

2. En un tazón pequeño, mezcle el ajo machacado con la sal, la pimienta y el orégano.

3. Vierta, mientras revuelve, la naranja agria (en todas las recetas de este libro, puede sustituir la naranja agria por una mezcla de 2 partes de jugo de limón verde y 1 parte de jugo de naranja) y el aceite de oliva.

Secreto de la cocina

La naranja agria es una variedad de naranja especial, muy ácida, que se vende en los supermercados latinos..

Sándwiches

EMILIO CON SU HIJA EMILY

LOS SÁNDWICHES SON tan típicos del menú de un almuerzo cubano como lo son del norteamericano. Lo que los distingue de manera especial es el pan. Nosotros usamos solamente dos tipos: el pan cubano y el "Medianoche" (o pan dulce). Todo lo demás, ¡simplemente no es cubano!

El pan cubano se parece al pan francés, pero tiene una corteza un poco más suave. Además es clara y hojaldrada, con una hendidura característica en el centro. Esto se debe a que los panaderos cubren las barras de pan con hojas de palma al hornearlas. El pan es suave por dentro, pero no tiene textura gomosa.

Cuando yo era pequeño, el hermano de mi abuela trabajaba en una panadería cubana. Por lo que, claro, cada vez que necesitaban una mano, ahí estaba yo. Y no hay nada más delicioso que el olor de un pan cubano a la puerta del horno. Lo que lo hace estupendo es la grasa. Por supuesto, ¡todo lo que engorda es fabuloso!

Para el desayuno, acostumbrábamos a untarlo con mantequilla y mojarlo en el café con leche. Como sucede con todo tipo de pan, es mejor comer el pan cubano bien fresco, recién horneado.

El pan "Medianoche" hace honor a su sugerente nombre. Es más dulce que el pan cubano y se distingue fácilmente por su corteza suave y oscura. Además, se conserva fresco por más tiempo que el pan cubano. Usted puede usar exactamente los mismos ingredientes para el sándwich y obtendrá un gusto totalmente diferente con sólo cambiar el pan dulce por pan cubano.

Para preparar el sándwich cubano es imprescindible usar pan cubano. El sándwich cubano lleva puerco, jamón y queso, colocados en capas gruesas entre dos tapas de pan cubano. Se comprime en una parrilla caliente conocida como "plancha", que hace precisamente eso: aplastar el sándwich hasta dejarlo tan fino como sea posible.

Para hacer una versión más dulce y ligera que el sándwich cubano, preparamos el "Medianoche". Se usan casi los mismos ingredientes—jamón, puerco, queso y pepinos encurtidos—pero, como señalé antes, el pan cambia completamente el gusto.

El pan "Medianoche" es también el ingrediente clave de un sándwich genuinamente tradicional, que no hallará en ninguna otra cultura del mundo, el "Elena Ruz", que lleva el nombre de su creadora. Este sándwich lleva pavo, queso crema y mermelada de fresa, con los que se obtiene una mezcla de sabores totalmente sorprendente. Pareciera que tales ingredientes no saben bien juntos, pero créame, ¡sí que saben bien! El sándwich "Elena Ruz" es exquisito.

Uno de mis sándwiches preferidos con pan cubano es el pan con lechón. Su nombre proviene de sus ingredientes: pan y puerco asado. Parece algo simple, pero la forma en que el pan absorbe los jugos del puerco y el mojo lo hace espectacular. Es uno de los sándwiches a base de restos de la cena más ricos del mundo.

Todos nuestros sándwiches son grandes y llenan mucho, por lo que son ideales para compartir entre dos o más personas. Además, son una magnífica opción para ofrecer en las fiestas. Puede cortarlos en forma de mini-sándwiches, como lo haría con un sándwich gigante, y dejar que la gente se prepare un plato con sus preferidos. Seguramente todos quedarán contentos.

—Gloria

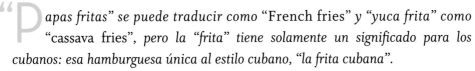

Frita cubana

(HAMBURGUESA CUBANA))

———❦———

"Papas fritas" se puede traducir como "French fries" y "yuca frita" como "cassava fries", pero la "frita" tiene solamente un significado para los cubanos: esa hamburguesa única al estilo cubano, "la frita cubana".

Le decimos hamburguesa cubana, pero es mucho más que eso. Contiene carne de res molida, como la hamburguesa norteamericana regular, pero la mezclamos con chorizo español molido, ajo, pimentón y vinagre. Luego, le damos forma de empanada y la ponemos en la plancha o la sartén.

Habitualmente las hacemos pequeñas, pero se pueden hacer del tamaño que se desee.

No es sólo la mezcla de carnes, la sazón o el tamaño lo que las hace cubanas. Tenemos una forma especial de servirlas. En el estilo tradicional cubano, las coronamos con papas fritas al hilo antes de ponerles el pan encima. Esto le añade el sabor y la textura crujiente de la papa a cada bocado. Una frita sin éstas no es una hamburguesa cubana con todas las de la ley.

—Emilio

———❦———

2 ½ lbs. de carne de res, magra, molida

½ lb. de chorizo español, sin piel y molido

2 dientes de ajo, pelados y picaditos

1 cucharada de sal

1 cucharada de pimentón

¼ de cucharadita de comino

2 oz. de vinagre blanco

aceite vegetal o aceite de cocina en spray

aceite vegetal para saltear

1 cebolla mediana, picada en trocitos pequeños

8 panes para hamburguesas

2 paquetes de papas fritas al hilo

1. En un tazón grande, mezcle la carne molida, el chorizo molido, el ajo, la sal, el pimentón, el comino y el vinagre. Forme 8 hamburguesas. Engrase ligeramente una sartén grande, con aceite vegetal o aceite de cocina en spray.

2. Fría las fritas a fuego mediano, en tandas de 2 o 3, durante 8 o 10 minutos, hasta que estén completamente cocidas, volteándolas una vez. (El tiempo de cocción varía según el grosor de las hamburguesas.)

3. Cuando estén listas, limpie la sartén con papel toalla y caliente 1 o 2 cucharadas de aceite vegetal a fuego mediano. Añada luego las cebollas y sofríalas por 2 o 3 minutos, hasta que estén doradas.

4. Coloque una frita cocinada sobre una tapa de pan y distribuya una cucharada de cebollas salteada, un buen puñado de papas fritas al hilo y la tapa de arriba.

5. Sirva las fritas de inmediato.

Sándwich cubano

El sándwich cubano es en realidad toda una comida dentro de un pan. Es enorme. A mí, la verdad, me cuesta muchísimo trabajo darle una buena mordida, a menos que esté bien, bien prensado.

El proceso de prensarlo es, en parte, lo que hace al sándwich cubano tan especial. No es sólo que lo deja más fino, sino que permite concentrar los jugos de la carne y derretir el queso. En la mayoría de los restaurantes se utilizan planchas eléctricas para aplanar los sándwiches, pero en casa puede usar una prensa para carnes o una cazuela pesada de hierro fundido. Tras prensarlo, el pan forma una funda rígida que mantiene juntos los ingredientes del sándwich.

El pan es otro componente esencial de un sándwich cubano auténtico. Tiene que ser pan cubano. Usted puede usar pan francés si no encuentra otra cosa, pero no será lo mismo. El pan cubano le da un sabor diferente.

Se le ponen rebanadas finas de carne de puerco y de jamón y, encima, queso suizo, mostaza y tajadas de pepino encurtido. Los cubanos tendemos a ser exagerados, comemos de la misma forma que amamos: a montones.

La marca de un genuino sándwich cubano es la manera en que se pica. Lo tradicional es hacerlo en diagonal, de esquina a esquina, de modo que las mitades formen triángulos alargados.

—Gloria

SÁNDWICH CUBANO

1 lb. de lechón asado (ver la receta en la página 99), cortado en tajadas o desmenuzado

1 lb. de jamón bolo, en lascas

3/4 de lb. de queso suizo, en rebanadas

2 barras de pan cubano o de pan francés

pepinos encurtidos, picados en tajadas

mostaza amarilla al gusto

1. Deje que la carne, el jamón y el queso alcancen la temperatura ambiente.

2. Córtele las puntas a las barras de pan y luego córtelas en pedazos de 8" o 9" de largo. (Puede obtener fácilmente dos pedazos de cada barra). Abra los pedazos a la mitad.

3. En cada sándwich, ponga aproximadamente ¼ de lb. de jamón, 4 o 5 tajadas de pepino encurtido (distribuyéndolo de forma pareja), 2 o 3 rebanadas de queso suizo y cerca de ¼ de lb. de lechón. Aplique una fina capa de mostaza en la superficie interior de la mitad superior del pedazo de pan.

4. Caliente la plancha eléctrica para sándwiches (si la tiene), la plancha regular o la sartén grande, a fuego mediano.

5. Coloque los sándwiches, de dos en dos, en la plancha eléctrica y ciérrela. Si usa una plancha regular o una sartén, coloque los sándwiches sobre éstas y póngales encima una prensa para carne o una cazuela de hierro fundido pesada. Haga presión para aplanar el sándwich. Caliéntelo entre 5 y 6 minutos si usa la plancha eléctrica, o entre 2 y 3 por cada lado si usa una plancha o una sartén.

6. Corte los sándwiches a la mitad, en diagonal, y sírvalos calientes.

Secreto de la cocina

Para hacer el sándwich, debe usar jamón bolo o cualquier otro jamón dulce. Evite usar jamón ahumado, pues su sabor puede opacar el de los demás ingredientes.

PAN CON LECHÓN

Pan con lechón

‒‒‒◦∞◦‒‒‒

No hay nada como despertarse el día de Navidad y saber que va a haber pan con lechón. Es como los sándwiches de pavo al día siguiente de la cena de Acción de gracias; es lo que los cubanos hacemos con los restos del lechón que se asa para la Nochebuena.

Nunca olvidaré cómo mi abuela preparaba el puerco para esos sándwiches. Deshuesaba todo el puerco asegurándose de dejar sólo la carne y la piel crujiente. Luego, con un cuchillo grande, lo picaba todo hasta dejarlo del tamaño de un bocado y lo calentaba en el horno. Cuando ya estaba tibio y sabroso, mezclaba el puerco con cebollas sofritas y metía la mezcla dentro de un pan cubano, lo rociaba con mojo y ya tenía usted el mejor pan con lechón del mundo.

El tipo de pan es importante. Para hacer un pan con lechón tradicional auténtico, use pan cubano. Es ideal para un sándwich húmedo como el pan con lechón, porque su masa suave se empapa en el mojo, pero su corteza firme evita que se salgan los jugos de la carne.

—Gloria

‒‒‒◦∞◦‒‒‒

RINDE 4 SÁNDWICHES

2 barras de pan cubano o de pan francés

aceite vegetal para saltear

2 lbs. de lechón asado (ver la receta en la página 99), cortado en tajadas o desmenuzado

2 cucharaditas de mojo criollo (ver la receta en la página 159)

1 cebolla mediana, finamente picada

1. Córtele las puntas a las barras de pan y luego córtelas en pedazos de 8" o 9" de largo. (Puede obtener fácilmente dos pedazos de cada barra). Abra los pedazos a la mitad.

2. En una sartén grande, caliente una cucharada de aceite vegetal a fuego mediano. Añada el lechón y saltéelo durante 1 o 2 minutos. Agregue luego el mojo criollo y siga cocinándolo por unos 2 o 3 minutos más, o hasta que la carne se caliente de manera uniforme.

3. Acomode más o menos media libra de lechón en la mitad inferior de cada pedazo de pan.

4. Caliente la plancha eléctrica para sándwiches (si la tiene), la plancha regular o la sartén grande, a fuego mediano.

5. Meta los sándwiches, de dos en dos, en la plancha eléctrica y ciérrela. Si usa una plancha o una sartén, coloque los sándwiches sobre éstas y póngales encima una prensa para carne o una cazuela de hierro fundido pesada. Haga presión para aplanar el sándwich. Caliéntelo entre 5 y 6 minutos si usa la plancha eléctrica, o entre 2 y 3 por cada lado si usa una plancha o una sartén.

6. Mientras tanto, en la misma sartén en la que calentó el lechón, caliente 1 o 2 cucharadas de aceite vegetal a fuego mediano. Añada las cebollas y sofríalas de 2 a 3 minutos, hasta que se doren.

7. Cuando los sándwiches estén bien calientes, destápelos y póngales una capa delgada de cebollas sofritas.

8. Corte los sándwiches a la mitad, en diagonal, y sírvalos calientes.

MEDIANOCHE

Medianoche

⸎

Los ingredientes del "Medianoche" son casi los mismos que los del sándwich cubano, pero el pan le da un sabor y una textura completamente diferentes.

El "Medianoche" lleva el mismo puerco asado y el mismo jamón tipo "Bolo" que el sándwich cubano, así como el queso suizo, la mostaza y el pepino encurtido. Pero en el "Medianoche" se usa pan dulce. Esto le da una dulzura sutil que no tiene el sándwich cubano tradicional.

Es, además, más suave; razón por la que a mí en lo particular me gusta más.

Esta es otra de esas comidas cubanas multipropósito. Puede servirlo solo, o acompañado de papas fritas, o picarlo en pequeños canapés y servirlo en una fiesta como lo haría con un sándwich regular o un sándwich cubano. Se venden también pancitos dulces, que tienen el mismo sabor, pero son más pequeños y fáciles de manipular que las barras enteras.

—Gloria

⸎

RINDE 4 SÁNDWICHES

1 lb. de lechón asado (ver la receta en la página 99), cortado en tajadas o desmenuzado

1 lb. de jamón bolo, cortado en lascas

3/4 de lb. de queso suizo, cortado en rebanadas

4 pancitos para sándwich "Medianoche" (o pancitos dulces alargados)

pepinos encurtidos, en tajadas

mostaza amarilla

1. Deje que la carne, el jamón y el queso alcancen la temperatura ambiente.

2. Corte cada pan dulce a la mitad.

3. En cada sándwich, coloque aproximadamente ¼ lb. de jamón, 4 o 5 tajadas de pepino encurtido, 2 o 3 rebanadas de queso suizo y cerca de ¼ lb. de lechón. Aplique una fina capa de mostaza en la superficie interior de la mitad superior del pancito.

4. Caliente la plancha eléctrica para sándwiches (si la tiene), la plancha regular o la sartén grande, a fuego mediano.

5. Meta los sándwiches, de dos en dos, en la plancha eléctrica y ciérrela. Si usa una plancha o una sartén, coloque los sándwiches sobre éstas y póngales encima una prensa para carne o una cazuela de hierro fundido pesada. Haga presión para aplanar el sándwich. Caliéntelo entre 5 y 6 minutos si usa la plancha eléctrica, o entre 2 y 3 por cada lado si usa una plancha o una sartén.

6. Corte los sándwiches a la mitad, en diagonal, y sírvalos calientes.

SÁNDWICH ELENA RUZ

Sándwich "Elena Ruz"

E l sándwich "Elena Ruz" comprende una mezcla extraña de ingredientes, cosas que aparentemente no quedarían bien juntas. Pero al primer bocado, usted experimenta una fantástica explosión de sabores.

Es una versión cubana del pavo con la salsa de arándano rojo, una mezcla de sabores dulces y salados que en conjunto resulta mucho más estupenda que los ingredientes por separado. Nunca he oído de otro sándwich como este.

Elena Ruz era una señora que un día entró a un restaurante llamado El Carmelo, en la Habana, y pidió a los camareros que le prepararan un sándwich con pan Medianoche, pavo, queso crema y mermelada de fresa. Y como continuó frecuentando el lugar y siempre pedía lo mismo, los dueños incluyeron el platillo en el menú y lo bautizaron con su nombre.

Es una historia real. Su hermana trabajaba conmigo en la empresa Bacardí y me contó cómo empezó todo. Ahora el "Elena Ruz" es un clásico sándwich al estilo cubano.

—Emilio

RINDE 4 SÁNDWICHES

1 lb. de pechuga de pavo, picada en tajadas

8 oz. de queso crema, blando

4 pancitos para sándwich

"Medianoche" (o pancitos dulces alargados)

½ frasco de mermelada de fresa

1. Deje que la carne y el queso crema alcancen la temperatura ambiente.

2. Corte cada pancito a la mitad, a lo largo.

3. Esparza aproximadamente 2 onzas de queso crema en la tapa inferior de cada pancito y póngale 2 o 3 cucharadas de mermelada de fresa. Distribuya la mermelada sobre el queso crema de forma pareja.

4. En cada sándwich, coloque ¼ de libra de pavo sobre la mermelada de fresa.

5. Caliente la plancha eléctrica para sándwiches (si la tiene), la plancha regular o la sartén grande, a fuego mediano.

6. Ponga los sándwiches, de dos en dos, en la plancha eléctrica y ciérrela. Si usa una plancha regular o una sartén, coloque los sándwiches sobre éstas y póngales encima una prensa para carne o una cazuela de hierro fundido pesada. Haga presión para aplanar el sándwich. Caliéntelo entre 3 y 4 minutos si usa la plancha eléctrica, o entre 1 y 2 minutos por cada lado si usa una plancha regular o una sartén.

7. Corte los sándwiches a la mitad, en diagonal, y sírvalos calientes.

Postres

EMILIO Y GLORIA

*¡M*E FASCINAN LOS POSTRES! Pero bueno, ¿y a quién no? No sé si es que somos dulceros por razones genéticas, pero una cena sin postre nos parece incompleta. Emilio es una de esas personas que no puede dejar de comer postre después de la comida.

Cada uno tiene sus preferencias. Los postres no tienen que ser sofisticados. Una tajada de dulce de guayaba con queso—lo que llamamos "timba"— nos viene bien. Muchos cubanos, entre ellos Emilio, prefieren la guayaba a cualquier otro postre. La guayaba ocupa un lugar especial en la cultura cubana. Lo bueno es que, a diferencia de otros dulces, la guayaba es realmente buena para la salud. A menudo se le llama la "súper fruta", porque es muy rica en vitaminas; contiene más vitamina C que la mayoría de los cítricos. De hecho, su cáscara tiene cinco veces más vitamina C que la naranja.

La guayaba se puede comer completa —con semillas, cáscara y todo— pero por lo general le sacamos el centro, que es donde se concentran las semillas. La parte más dulce de la pulpa es su centro.

Uno de mis postres predilectos a base de guayaba es el llamado *cascos de guayaba*, que consiste en la pulpa de un par de guayabas sin cáscara ni semillas, servida en un almíbar dulce y espeso. El almíbar se obtiene de hervir azúcar en agua hasta que se espesa.

No es de asombrarse que usemos tanta azúcar en nuestros postres. La caña de azúcar fue siempre uno de los principales cultivos de Cuba, por lo que el azúcar era un producto que siempre abundaba. Y es el ingrediente esencial de todos nuestros postres.

Tengo que admitir, sin embargo, que cuando la mayoría de las personas piensa en los postres cubanos, piensan en el flan. Y con razón. Es intrínsecamente cubano, aunque existen variaciones por todo el mundo. La versión europea se conoce por su nombre en francés: *crème caramel*. Pero para los cubanos es flan, y es tan parte de nuestra cultura como el mambo.

Mi postre favorito es el flan de queso, que se prepara con queso crema. En el interior tiene una crema muy dulce y un poquito ácida, y por fuera una capa de caramelo ligeramente quemada. ¡Es una combinación que hace la boca agua! Otra versión que une dos de nuestros dulces predilectos es el flan de guayaba y queso. Es el ideal para quienes no pueden decidir cuál le gusta más; es lo mejor de los dos mundos.

Nuestros otros dos postres tradicionales son el arroz con leche y la natilla, que es una especie de *crème brûlée*, pero sin la corteza crujiente de caramelo. Y tanto como un pastel, el arroz con leche es el cierre natural de cualquier comida. El arroz con leche y la natilla eran la forma en que las abuelitas cubanas lucían sus habilidades culinarias, y engordaban a sus "delgados" niños. Como muchos postres, se hallan variaciones de la natilla por toda Latinoamérica, pero nosotros nos enorgullecemos de la nuestra, que lleva canela en polvo por encima y muchos huevos y azúcar dentro.

Las recetas que se incluyen en esta sección son todas de nuestros postres tradicionales favoritos, con algunas variaciones que dejarán satisfechos a todos los dulceros de la familia. Pero tenga cuidado: ¡pueden crear adicción!

—Gloria

Flan

⦿⦿⦿

Un buen flan tiene que tener la consistencia adecuada. Debe ser cremoso, pero no muy espeso, ni muy aguado, y no tener nada de grumos. Y todo está en los huevos. Se debe usar mucho huevo. En eso no se puede escatimar. Algunas personas recortan la receta y ponen menos yemas de las que debe, y luego el flan sale mal. Yo digo: si vas a comer flan, es a comer flan.

El flan se debe cocinar a fuego lento, al igual que el caramelo; hay que prepararlo despacio, para que no se queme. A diferencia de la crème brûlée, que se deforma si se le quita la corteza dura de caramelo, el flan se sostiene por sí solo.

A los cubanos nos gusta tanto el flan, que hemos inventado todo tipo de variantes. Está la versión tradicional, que consiste en una natilla simple, dulce y sabrosa con una capa exterior de caramelo, con un sutil sabor ácido y ligeramente quemado. Está el flan de chocolate, para los chocolateros, el flan de mango, y de casi todo otro sabor a fruta tropical que pueda imaginar. El flan de guayaba y queso es delicioso. Pero mi preferido es el flan de queso.

Pruébelos todos, y descubra su favorito. O experimente con las recetas, usando los sabores que más le gustan, e invente un flan de su exclusiva propiedad.

—Gloria

⦿⦿⦿

FLAN

Flan tradicional

1 taza, más 1 cucharada, de azúcar granulada

6 yemas de huevo grandes

3 huevos grandes

1 lata de leche condensada endulzada, de 14 oz.

1 lata de leche evaporada, de 12 oz.

1 taza de leche entera

¼ de cucharadita de sal

1 cucharadita de extracto de vainilla

1. En una cazuela mediana, de fondo grueso, caliente a fuego mediano la taza de azúcar granulada, sin revolver, hasta que el azúcar comience a derretirse y se ponga de color dorado por los bordes de la olla. (**Nota: Usted debe permanecer todo el tiempo al lado del fogón y prestar mucha atención, para que el azúcar no se queme.**) Reduzca la intensidad del fuego a medio y haga girar la olla, para que el fondo quede cubierto de manera uniforme. Continúe calentando el azúcar, girando constantemente la olla, hasta que el azúcar se vuelva un caramelo y éste adquiera una tonalidad marrón dorado. Retire el caramelo del fogón y vierta de inmediato una cantidad igual en cada uno de diez moldecitos individuales (o en un molde para horno, de ½ galón de capacidad).

2. Usando guantes para horno o agarraderas, tome los moldecitos (o el molde grande) y, rápidamente para que el caramelo no se endurezca, muévalos para asegurar que el fondo de cada uno de ellos quede completamente cubierto de caramelo, así como una parte de las paredes de los moldes. Déjelos reposar.

3. Coloque una rejilla en el centro del horno y caliéntelo a 350° F.

4. En un tazón grande y con una batidora eléctrica, bata a baja velocidad las yemas de huevo y los huevos. Mientras bate, agregue la leche condensada, luego la leche evaporada y después la leche entera. Con un batidor de alambre, incorpore, mientras bate suavemente, la cucharada restante de azúcar, la sal y la vainilla.

5. Lentamente, vierta la mezcla en cada uno de los moldecitos, en porciones iguales. Con una cuchara de madera, remueva para eliminar las burbujas que se pueden formar en la superficie.

6. Coloque los moldecitos en una bandeja para hornear, llena de una cantidad de agua caliente que cubra dos tercios de la altura de los moldecitos cuando éstos estén en la bandeja. Saque o agregue agua caliente según sea necesario, a medida que añade cada moldecito.

7. Hornee durante 1 hora, o hasta que los centros de los flanes se sientan firmes al tacto. (Si usa un solo molde grande, el tiempo de cocción será de entre 75 y 90 minutos.)

8. Coloque los moldecitos en una rejilla y déjelos enfriar hasta que alcancen la temperatura ambiente. Luego, refrigérelos durante al menos 4 horas, o de un día para otro.

9. Para sacar los flanes de los moldes, con mucho cuidado, pase en redondo un cuchillo bien afilado entre el flan y la pared de cada molde. Coloque un platillo de postre sobre el molde y voltee el molde, dándole golpecitos suaves para que el flan se despegue. Retire el molde y sirva los flanes fríos o a temperatura ambiente.

Flan de queso

1 taza de azúcar granulada

1 lata de 12 oz. de leche evaporada

1 lata de 14 oz. de leche condensada endulzada

8 oz. de queso crema, ablandado

5 huevos

1 cucharadita de extracto de vainilla

1. En una cazuela mediana, de fondo grueso, caliente a fuego mediano el azúcar granulada, sin revolver, hasta que el azúcar comience a derretirse y se ponga de color dorado por los bordes de la olla. **(Nota: Usted debe permanecer todo el tiempo al lado del fogón y prestar mucha atención, para que el azúcar no se queme.)** Reduzca la intensidad del fuego a medio y haga girar la olla, para que el fondo quede cubierto de manera uniforme. Continúe calentando el azúcar, girando constantemente la olla, hasta que el azúcar se vuelva caramelo y éste adquiera una tonalidad marrón dorado. Retírelo del fogón y vierta de inmediato una cantidad igual en cada uno de diez moldecitos individuales (o en un molde para horno, de ½ galón de capacidad). Usando guantes para horno o agarraderas, tome los moldecitos (o el molde grande) y, rápidamente para que el caramelo no se endurezca, muévalos para asegurar que el fondo de cada uno de ellos quede completamente cubierto de caramelo, así como una parte de las paredes de los moldes. Déjelos reposar.

2. Coloque una rejilla en el centro del horno y caliéntelo a 350° F.

3. En una batidora o en un procesador de alimentos, mezcle el resto de los ingredientes, hasta que quede una mezcla homogénea.

4. Lentamente, vierta la mezcla en cada uno de los moldecitos, en porciones iguales (o toda la mezcla en el molde grande).

5. Coloque los moldecitos (o el molde grande) en una bandeja para asar y vierta agua caliente hasta que cubra dos tercios de la altura de los moldecitos (o del molde). Coloque la bandeja para asar en la rejilla del medio, y hornee durante

60 minutos o hasta que, al introducir un cuchillo en el centro de los flanes, éste salga limpio. (Si usa un solo molde grande, el tiempo de cocción será de entre 75 y 90 minutos.)

6. Coloque los moldecitos en una rejilla y déjelos enfriar hasta que alcancen la temperatura ambiente. Luego, para sacar los flanes de los moldes, con mucho cuidado, pase en redondo un cuchillo bien afilado entre el flan y la pared de cada molde. Coloque un platillo de postre sobre cada moldecito (o una fuente de servir sobre el molde) y voltéelo, dándole golpecitos suaves para que el flan se despegue. Refrigere durante al menos 4 horas o de un día para otro, y sírvalos fríos.

Flan de chocolate

1 taza, más 1 cucharada, de azúcar granulada

6 yemas de huevo grandes

3 huevos grandes

1 lata de 14 oz. de leche condensada endulzada

1 lata de 12 oz. de leche evaporada

1 taza de leche

¼ de cucharadita de sal

1 cucharadita de extracto de vainilla

½ taza de cacao amargo en polvo

1. Siga las instrucciones de la receta de flan tradicional (ver la receta en la página 189), pero agregue ½ taza de cacao en polvo, sin endulzar, a la mezcla para el flan (hágalo añadiendo ¼ de taza de cacao entre cada adición de leche).

FLAN DE CHOCOLATE

Flan de guayaba y queso

1 taza de azúcar granulada

1 lata de 12 oz. de leche evaporada

1 lata de 14 oz. de leche condensada endulzada

6 oz. de queso crema, ablandado

5 huevos

1 cucharadita de extracto de vainilla

6 oz. de mermelada de guayaba*

1. Siga las instrucciones de la receta de flan de queso (ver la receta en la página 191), pero use sólo 6 onzas de queso crema y añada 6 onzas de mermelada de guayaba a la mezcla para el flan.

* Usted puede preparar su propia mermelada de guayaba si no logra encontrarla en el supermercado. Abra una lata de cascos de guayaba, deseche más o menos la mitad del almíbar y, con una batidora o un procesador de alimentos, bata el resto del almíbar y los cascos hasta obtener un puré sin grumos. Vierta el puré de guayaba en una olla y cocínelo a fuego mediano, durante 15 o 20 minutos. Déjelo enfriar antes de mezclarlo con los otros ingredientes.

FLAN DE GUAYABA Y QUESO

ARROZ CON LECHE

Arroz con leche

———∞———

El arroz con leche es uno de los postres que más me gustan. La versión cubana es más cremosa, más dulce y tiene un sutil sabor cítrico.

Uno de los secretos de un buen arroz con leche consiste en usar un trocito de cáscara de una fruta cítrica (naranja o limón) para darle un ligero sabor amargo también. De cualquier modo, el marcado toque del ácido cítrico complementa el azúcar y la canela, y da al arroz con leche un verdadero sabor tradicional cubano.

—Emilio

———∞———

RINDE DE 6 A 8 PORCIONES

1 taza de arroz de grano corto (tipo Valencia), bien lavado

4 tazas de agua

⅛ de cucharadita de sal

1 trocito de cáscara de limón o de naranja, sin nada de pulpa (opcional)

2 ramitas de canela

3 clavos de olor (opcional)

2 tazas de leche entera

1 lata de 12 oz. de leche evaporada

1 lata de 14 oz. de leche condensada endulzada

1 cucharadita de extracto de vainilla

canela en polvo

1. Coloque el arroz, el agua y la sal en una olla o cazuela grande (de 5 cuartos de galón de capacidad). Póngalo a hervir a fuego mediano. Añada la cáscara de limón (o naranja), las ramitas de canela y los clavos, y reduzca la temperatura a entre mediana y baja (sólo lo necesario para que el agua hierva a fuego

lento). Cocine el arroz, con la olla destapada, entre 30 y 45 minutos aproximadamente, o hasta que el arroz esté blando y haya absorbido la mayor parte del agua. Saque la cáscara de limón, las ramitas de canela y los clavos.

2. Mientras tanto, en un tazón grande, bata suavemente la leche entera, la leche evaporada, la leche condensada y la vainilla. Cuando el arroz esté blando (ver paso 1), vierta la mezcla de leches en el arroz, baje el fuego y continúe cocinando a fuego lento, revolviendo de vez en cuando, entre 20 y 30 minutos, o hasta que el arroz alcance el espesor deseado.

Secreto de la cocina

El arroz se espesa más a medida que se enfría; téngalo en cuenta para que no lo cocine demasiado. El arroz con leche debe quedar con una consistencia cremosa. Si no le sale así, pruebe a disminuir el tiempo de cocción la próxima vez que lo haga.

3. Retire el dulce del fuego y déjelo enfriar a temperatura ambiente.

4. Con un cucharón, llene de arroz con leche entre 8 y 10 copas para postre. Póngalas en el refrigerador hasta que se enfríen por completo, durante al menos 3 horas o de un día para otro.

5. Espolvoréele canela en polvo (al gusto) antes de servirlo.

PUDÍN DE PAN

Pudín de Pan

El pudín de pan es otro de esos postres que nos han acompañado durante tanto tiempo que su origen se pierde en los vericuetos de la historia. No obstante, la mayoría de las personas concuerda en que hay que agradecerlo a los frugales cocineros que no deseaban desperdiciar el pan endurecido y añejo.

En lugar de botarlo, lo remojaban en leche o crema, lo endulzaban y lo horneaban.

En el estilo tradicional cubano, utilizamos vainilla, ramitas de canela y un poquito de ron cubano, oscuro o claro. Además le ponemos un trocito de cáscara de limón, para añadirle un sabor ligeramente ácido que contraste con la dulzura del azúcar. La combinación de ron y cítrico le da al pudín de pan su genuino sabor cubano.

—Emilio

RINDE DE 10 A 12 PORCIONES

1 ½ taza de azúcar granulada

1 barra de pan blanco

1 cuarto de galón de leche

1 trocito de cáscara de limón
(sin nada de pulpa)

1 ramita de canela

¼ de cucharadita de sal

6 huevos

2 cucharadas de ron claro u oscuro
(opcional)

1 cucharadita de vainilla

canela a gusto

nuez moscada a gusto

½ taza de uvas pasas

1. En una cazuela mediana, de fondo grueso, caliente a fuego mediano ½ taza de azúcar granulada, sin revolver, hasta que el azúcar comience a derretirse y se

ponga de color dorado por los bordes de la olla. **(Nota: Usted debe permane-cer todo el tiempo al lado del fogón y prestar mucha atención, para que el azúcar no se queme.)** Reduzca la intensidad del fuego a mediano y haga girar la olla, para que el fondo quede cubierto de manera uniforme. Continúe calentando el azúcar, girando constantemente la olla, hasta que el azúcar se vuelva caramelo y éste adquiera una tonalidad marrón dorado. Retírelo del fogón y viértalo sobre un molde grande para pan. Usando guantes de cocina o agarraderas, tome el molde, hágalo girar suavemente para que el caramelo cubra completamente el fondo y glasee parcialmente los lados del molde. Ponga el molde a un lado.

2. Desmenuce el pan y coloque los trocitos en un tazón grande de mezclar.

3. Vierta la leche, con la cáscara de limón, la ramita de canela y la sal en una olla mediana (de 2 cuartos de galón de capacidad) y ponga a hervir la mezcla a fuego mediano. Tan pronto la leche comience a hervir, retire la olla del fuego. Saque la ramita de canela y la cáscara de limón y vierta la leche caliente sobre los trocitos de pan. Mézclelos con una cuchara de madera y póngalos a un lado. Deje que la mezcla se enfríe durante unos 15 minutos.

4. Caliente el horno a 350° F.

5. En un tazón mediano, mezcle bien los huevos, el ron (si lo desea), la taza restante de azúcar, la vainilla, la canela en polvo y la nuez moscada, y viértalo todo sobre la mezcla de pan. Agregue las uvas pasas y revuelva bien todo.

6. Vierta la masa del pudín en el molde para pan y cúbralo con papel aluminio. Pliegue el papel por los bordes para sellar bien el molde. Coloque el molde tapado en una bandeja grande de asar. Vierta agua caliente en la bandeja, hasta cubrir la mitad de los lados del molde. Coloque la bandeja en la rejilla del centro y hornee durante una hora o hasta que, al introducir un palillo en el centro del pudín, salga limpio.

7. Saque el pudín del horno y déjelo enfriar por completo. Refrigérelo durante al menos 4 horas o de un día para otro.

8. Cuando esté listo para servir, afloje los lados del pudín con un cuchillo de cocina, coloque un plato hondo de servir sobre el molde e inviértalo cuidado-samente para dejar caer el pudín y el almíbar acaramelado. Corte en tajadas y sirva. Vierta una cucharada adicional de caramelo sobre cada porción, a gusto.

Natilla

⚙⚙

La natilla es una crema dulce parecida a la crème brûlée, pero sin la capa exterior crujiente de azúcar. Como sucede con tantos otros postres, existen muchas variaciones por todo el mundo.

El estilo cubano de prepararla es similar al de su ancestro español, pero, una vez más, los cubanos han puesto su distintivo toque tropical a la receta original y han creado la suya propia.

En ambos casos se usa leche, azúcar, huevos, vainilla y canela. Y ambas se preparan hirviendo la leche y mezclándola con los huevos. Como resultado se obtiene algo semejante a un flan cremoso, pero sin caramelo.

En la versión cubana, añadimos un trocito de cáscara de limón para resaltar la dulzura de la natilla y darle su gusto característico.

—Gloria

⚙⚙

RINDE 8 PORCIONES

8 yemas de huevo

1 taza de azúcar granulado

4 cucharadas de almidón de maíz

3 tazas de leche entera y 1 taza de leche evaporada

1 trocito de cáscara de limón (sin nada de pulpa)

1 ramita de canela

1/4 de cucharadita de sal

1 1/2 cucharadita extracto de vainilla

canela en polvo, a gusto

1. En un tazón grande, mezcle con una batidora o licuadora eléctrica (de vaso o amasadora), a baja velocidad, las yemas de huevo, el azúcar y el almidón de maíz, hasta obtener una masa sin grumos. Deje reposar la mezcla.

2. Vierta la leche, con la cáscara de limón, la ramita de canela y la sal en una olla mediana (de 2 ½ cuartos de galón de capacidad), y póngala a hervir a fuego mediano, prestando atención y revolviendo de vez en cuando para evitar que se queme la leche. Tan pronto la leche comience a hervir, retírela del fuego y deje que se enfríe, durante 5 minutos aproximadamente.

3. Saque la cáscara de limón y la ramita de canela de la leche. Luego, vierta poco a poco la leche caliente sobre la mezcla con huevos, revolviendo sin parar con una cuchara de madera (o con la paleta de la batidora amasadora, puesta a baja velocidad).

4. Vuelva a verter la mezcla para la natilla en la misma olla que usó para calentar la leche.

5. Caliente la natilla a fuego mediano y deje que hierva, revolviendo constante-mente. Baje el fuego. Cocine durante 2 o 3 minutos, o hasta que la natilla se espese y alcance la consistencia deseada. Añada la vainilla, remueva y retírela del fuego.

6. Con un cucharón, llene de natilla ocho copas. Déjelas enfriarse hasta alcanzar la temperatura ambiente, durante 45 minutos aproximadamente. Colóquelas en el refrigerador hasta que estén bien frías, por al menos 3 horas o de un día para otro.

7. Sírvalas luego de espolvorearlas con canela en polvo.

CASCOS DE GUAYABA CON QUESO CREMA

Cascos de guayaba con queso crema

———✦———

La guayaba es una de las frutas preferidas de los cubanos. Y una de las mejores formas de comerla es empapada en almíbar, con queso crema.

Una vez más, es la mezcla de lo dulce con lo salado lo que la hace fenomenal. Pruébela y comprenderá por qué.

Pero los cascos de guayaba no son solamente uno de los postres más sabrosos, son además uno de los pocos dulces verdaderamente saludables. (Aunque, con todo ese almíbar y queso, contiene bastante calorías). Las guayabas son particularmente ricas en vitamina C.

Los cascos de guayaba con queso crema es uno de los postres más fáciles de hacer y una excelente opción para los cocineros que cuentan con poco tiempo. Sólo se necesita un par de minutos para prepararlo. Lo único que necesita es una lata de cascos de guayaba en almíbar y un paquetito de queso crema. Saque un par de cascos y corte un par de tajadas de queso, y ya está listo. A mí me encanta comerlo con galletitas de soda o galletas cubanas.

Sabe delicioso.

—Gloria

———✦———

1 paquete de queso crema

**1 lata de cascos de guayaba en almíbar,
fríos**

1. Corte el queso crema en tajadas de ½".

2. Sirva 2 o 3 cascos de guayaba, con 2 o 3 tajadas de queso crema. Vierta un poco del almíbar sobre el plato.

Bebidas

LA FAMILIA ESTEFAN

"MI MOJITO EN La Bodeguita del Medio, mi daiquirí en El Floridita", escribió el devoto a Cuba, Ernest Hemingway, al referirse a dos de los restaurantes de la Habana que más frecuentaba y a dos de sus tragos cubanos preferidos.

El aval de tan célebre escritor puede haber contribuido a popularizar estos tragos, pero lo cierto es que son tan típicamente cubanos como la caña de azúcar o el bailar salsa. Ambos se preparan con ingredientes cubanos tradicionales: azúcar y ron. Como fui criado cerca de la fábrica de ron Bacardí, en Santiago de Cuba, he visto personas tomando mojitos desde que tengo uso de razón.

El mojito es un pariente del daiquirí, con el que comparte los ingredientes básicos, salvo la menta y la soda. Y el daiquirí, nombrado en honor a un pueblo que quedaba cerca del mío, era bien conocido en toda la isla.

El ron es, sin duda, el licor autóctono de Cuba, y los tragos cubanos auténticos se preparan con ron. Uno de los más fáciles de preparar tiene una larga historia y un particular significado para los cubanos que viven en los Estados Unidos. Aunque el "Cuba Libre" consiste simplemente en añadir un chorrito y una cuña de limón verde a una mezcla básica de ron y coca cola, el nombre lo hace especial para los exiliados cubanos que añoran el día en que Cuba sea libre. Es uno de los tragos a base de ron más populares.

Los batidos de leche cubanos se hacen con papaya, mango y mamey. La gente a menudo considera estas frutas como exóticas, pero para los cubanos son tan comunes como las naranjas. Ellas llevan el sabor de nuestra tierra natal, y el mezclarlas en una versión tropical del *smoothie*, aromática y rebosante de vitaminas, me remonta a los tiempos de mi niñez. Puedo ver las matas de mango cargadas de frutos rojos y verdes, y a mi madre abriendo las papayas verde amarillas para exponer su pulpa roja.

Existe un olor y un sabor que representa a Cuba más que cualquier otros y del que no puede prescindir ningún cubano. En esta sección, hemos incluido al más cubano de todos los inventos cubanos: el café cubano.

Para nosotros, no hay día que no comience sin un café cubano, ni comida que termine sin él. No es espresso, y definitivamente no es simplemente "una taza de café". El café cubano es el verdadero sabor de Cuba, en una taza. Lo tomamos puro y fuerte, aclarado con leche en el café con leche o lo vertemos en media taza de leche evaporada para realzarla con un golpe de cafeína y color.

El café cubano es el broche de oro de cualquier comida tradicional cubana. Es también ideal por sí solo a cualquier hora del día, cuando uno siente ganas de algo realmente cubano o cuando necesita levantar el ánimo. No importa cómo lo tome, se acordará de Cuba y de su tradición. ¡Salud!

—*Emilio*

CUBA LIBRE

Cuba Libre

(RON Y COCA COLA CON LIMÓN VERDE)

———— ❧ ————

Casi todas las historias acerca de cómo se inventó el "Cuba Libre" coinciden en que fue preparado por primera vez en 1900, poco después de la guerra hispano-cubana.

Según se dice, un capitán del ejército norteamericano entró un día en un bar en La Habana y pidió una mezcla de ron Bacardí y coca cola, con una cuña de limón dentro. Algunos soldados que estaban sentados cerca lo escucharon y ordenaron lo mismo. Un rato después, avispados por el trago y en el espíritu de los tiempos que corrían, comenzaron a hacer brindis "¡Por Cuba libre!".

El brindis se convirtió en el nombre y el nombre pegó. Sin el limón es simplemente ron con coca cola. El limón es lo que le da el particular gusto cubano, diferente del original. Es un verdadero toque tropical, que realza lo mejor del ron cubano y el dulzor del refresco de cola.

Puede preparar una versión baja en calorías, usando soda dietética en lugar de regular. De cualquier modo, recuerde al menos hacer un brindis ¡por Cuba libre!

—Gloria

———— ❧ ————

RINDE 2 TRAGOS

4 oz. de ron claro	**hielo**
Coca-Cola	**2 cuñas o rodajas de limón verde**

1. Llene con hielo dos vasos de whisky de 12 oz. Vierta 2 onzas de ron claro en cada vaso, complételos hasta el borde con coca cola y adórnelos con una cuña o rodaja de limón verde.

Secreto de la cocina

Para preparar una versión de este cóctel con menos calorías, use soda dietética en lugar de regular.

MOJITO DE MELÓN, MOJITO DE PIÑA,
MOJITO DE MANZANA, MOJITO DE MANGO
Y MOJITO TRADICIONAL

Mojito

⠶⠶⠶

El mojito es uno de los tragos a base de ron más populares de Cuba. Es refrescante y potente.

Muchas de sus versiones datan del tiempo en que los piratas navegaban en las aguas cubanas, pero el trago que conocemos hoy nació en La Habana, en 1930, aproximadamente en la misma época en que Ernest Hemingway vivía, pescaba y escribía en esta ciudad.

El mojito se hace con tres ingredientes cubanos muy distintivos: ron, limón verde y azúcar. Primero, se mezcla el azúcar con agua tibia para formar un almíbar, luego se añade menta recién machacada, hielo y un chorrito de agua de soda, y ya tiene un trago que es genuinamente cubano.

Puede agregarle tajadas de frutas o rones con sabor, para preparar fácilmente variaciones a partir del original, con el toque sutil de su fruta preferida.

—Emilio

⠶⠶⠶

Mojito clásico

1 limón verde, picado en cuartos

1 oz. de almíbar simple
(ver receta abajo)

12 hojas de menta fresca

hielo

4 oz. de ron claro

2 oz. de agua de soda

2 ramitas de menta fresca

1. En sendos vasos Gibraltar de 12 oz., coloque la mitad del limón, ½ oz. del almíbar simple y 6 hojas de menta. Machaque los limones y las hojas de menta, para que desprendan su aceite y aroma.

2. Vierta en cada vaso aproximadamente una taza de hielo y 2 onzas de ron. Cubra cada uno con una coctelera y bátalos bien.

3. Retire la coctelera y vierta sobre cada trago un chorrito (más o menos una onza) de agua de soda.

4. Adorne cada vaso con una ramita de menta y ¡disfrute!

Secreto de la cocina

Para hacer un almíbar simple, mezcle azúcar y agua a partes iguales, en un tazón que se pueda poner en el microondas. Hornee la mezcla en el microondas por 2 o 3 minutos, revolviendo de vez en cuando, hasta que el azúcar se disuelva por completo. Déjelo enfriar. Prepare tanta cantidad de almíbar como necesite, según el número de tragos que planee preparar.

Mojito de manzana

1 limón verde, picado en cuartos

1 oz. de almíbar simple

12 hojas de menta fresca

hielo

4 oz. de ron con sabor a manzana

2 oz. de agua de soda

**1 manzana "Granny Smith",
picada en cuñas**

1. En sendos vasos Gibraltar de 12 oz., coloque la mitad del limón, ½ oz. del almíbar simple y 6 hojas de menta. Machaque los limones y las hojas de menta, para que desprendan su aceite y aroma.

2. Vierta en cada vaso aproximadamente una taza de hielo y 2 onzas de ron con sabor a manzana. Cubra cada uno con una coctelera y bátalos bien.

3. Retire la coctelera y vierta sobre cada trago un chorrito (más o menos una onza) de agua de soda.

4. Adorne cada vaso con una cuña de manzana o con una ramita de menta y ¡disfrute!

Secreto de la cocina

Para evitar que las tajadas de manzana se pongan oscuras, inmediatamente después de picarlas, colóquelas en un tazón y exprima jugo de limón por encima de toda la pulpa de la manzana.

Mojito de melón

1 limón verde, picado en cuartos

1 oz. de almíbar simple

12 hojas de menta fresca

hielo

4 oz. de ron con sabor a melón

2 oz. de agua de soda

cuñas de melón o ramitas
de menta fresca

1. En sendos vasos Gibraltar de 12 oz., coloque la mitad del limón, ½ oz. del almíbar simple y 6 hojas de menta. Machaque los limones y las hojas de menta, para que desprendan su aceite y aroma.

2. Vierta en cada vaso aproximadamente una taza de hielo y 2 onzas de ron con sabor a melón. Cubra cada uno con una coctelera y bátalos bien.

3. Retire la coctelera y vierta sobre cada trago un chorrito (más o menos una onza) de agua de soda.

4. Adorne cada vaso con una tajada de melón o con una ramita de menta y ¡disfrute!

Mojito de piña

1 limón verde, picado en cuartos	4 oz. de ron con sabor a piña
1 oz. de almíbar simple	2 oz. de agua de soda
12 hojas de menta fresca	2 oz. de jugo de piña
hielo	cuñas de piña o ramitas de menta fresca

1. En sendos vasos Gibraltar de 12 oz., coloque la mitad del limón, ½ oz. del almíbar simple y 6 hojas de menta. Machaque los limones y las hojas de menta, para que desprendan su aceite y aroma.

2. Vierta en cada vaso aproximadamente una taza de hielo y 2 onzas de ron con sabor a piña. Cubra cada uno con una coctelera y bátalos bien.

3. Retire la coctelera y vierta sobre cada trago un chorrito (más o menos una onza) de agua de soda y un chorrito (más o menos una onza) de jugo de piña.

4. Adorne cada vaso con una cuña de piña o con una ramita de menta y ¡disfrute!

Mojito de mango

1 limón verde, picado en cuartos

1 oz. de almíbar simple

12 hojas de menta fresca

hielo

4 oz. de ron con sabor a mango

2 oz. de agua de soda

2 oz. de jugo o néctar de mango

ramitas de menta fresca

1. En sendos vasos Gibraltar de 12 oz., coloque la mitad del limón, ½ oz. del almíbar simple y 6 hojas de menta. Machaque los limones y las hojas de menta, para que desprendan su aceite y aroma.

2. Vierta en cada vaso aproximadamente una taza de hielo y 2 onzas de ron con sabor a mango. Cubra cada uno con una coctelera y bátalos bien.

3. Retire la coctelera y vierta sobre cada trago un chorrito (más o menos una onza) de agua de soda y un chorrito (más o menos una onza) de jugo de mango.

4. Adorne cada vaso con una ramita de menta y ¡disfrute!

Sangría

La sangría surgió a partir de un ponche de vino tinto que se bebía en Europa desde cientos de años antes de que Colón hiciera su célebre travesía por el Atlántico.

La sangría actual se inventó en España y lleva vino de Rioja y otros vinos tintos (rojos) españoles. Cuando los primeros colonizadores se asentaron en Cuba, trajeron consigo la tradición. Con el tiempo, la receta evolucionó y se crearon variaciones a partir de las frutas disponibles en prácticamente todas las regiones cálidas —y en otras muchas no tan cálidas.

La nuestra combina la dulzura cítrica del jugo de naranja y el licor triple seco, con vino tinto y un toque de soda. Las cuñas de naranja y el cóctel de frutas añaden un dejo sutil de sabor y variedad a la mezcla.

—Gloria

RINDE DE 4 A 6 TRAGOS

1 taza de jugo de naranja	1 taza de cóctel de frutas
2 oz. de "triple sec"	2 tazas de hielo
1 taza de vodka	2 tazas de vino tinto seco
4 oz. de soda simple o de soda con sabor a limón	varias tajadas de naranja

1. Vierta el jugo de naranja, el triple sec, el vodka y el agua de soda (o la soda con sabor a limón) en una jarra grande. Añada el cóctel de frutas, el hielo y el vino tinto, y revuelva todo bien.

2. Sirva la sangría en vasos para vino tinto y adórnela con las tajadas de naranja.

DAIQUIRÍ TRADICIONAL

Daiquirí tradicional

———— ∞ ————

Aun ingeniero en minas estadounidense debemos la creación de uno de los tragos más conocidos de Cuba.

Supuestamente, alrededor de 1905, Jennings Cox se encontraba atendiendo a un grupo de huéspedes en Santiago de Cuba, cuando se le terminó la ginebra. Así que echó mano a una botella de ron, lo mezcló con azúcar y jugo de limón verde y virtió la mezcla sobre hielo rallado. El nombre proviene del de una playa cercana.

A pesar de la forma en que se inventó, el daiquirí se diseminó rápidamente por Estados Unidos y se hizo sumamente popular, especialmente durante la Segunda Guerra Mundial, cuando el whisky, la vodka y otras bebidas estaban racionadas, pero había ron en abundancia.

Con el tiempo, han surgido algunas variaciones del daiquirí, entre ellas las versiones al estilo smoothie "congeladas" y las saborizadas, pero la nuestra es la receta original, tradicional.

Y no tiene que esperar a que se le acabe la ginebra para probarla.

—Emilio

———— ∞ ————

RINDE 2 TRAGOS

4 oz. de ron claro

4 oz. de jugo de limón verde o limón persa

2 cucharaditas de azúcar

hielo

rodajas de limón verde o limón persa

1. Mezcle todos los ingredientes con hielo en una coctelera y viértalos en una copa de cóctel, previamente enfriada.

2. Adorne el trago con una rodaja o de limón.

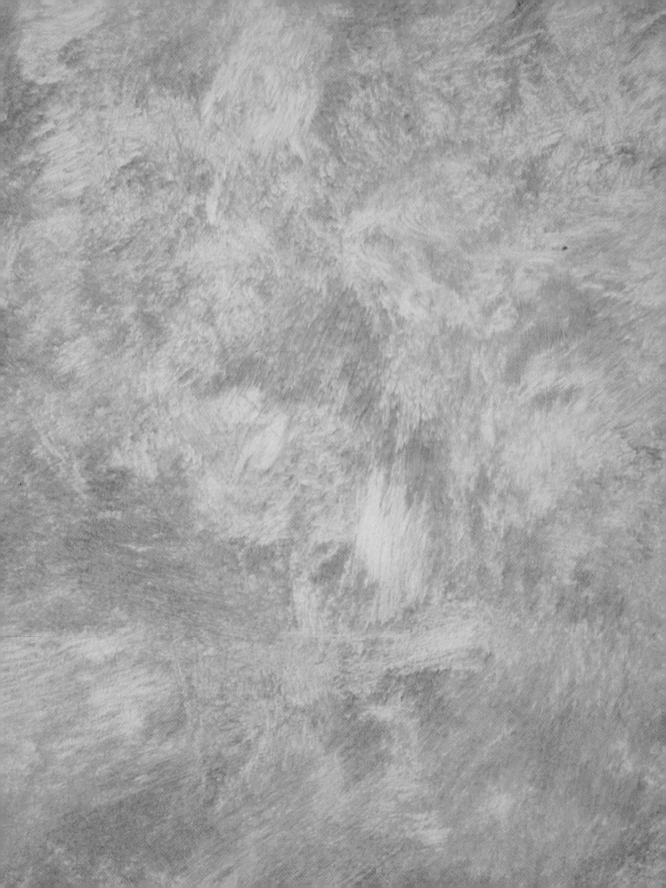

Batidos

❦

Los batidos de leche son muy tradicionales en Cuba.

Se pueden hacer prácticamente de cualquier fruta, pero para los nuestros usamos variedades suculentas y nutritivas que se dan en la isla, como la papaya, el mamey, el mango y la guanábana. Con otras frutas quedan buenos también, pero el sabor acentuado y exótico de las frutas cubanas da a nuestros batidos un gusto especial. Los batidos de leche al estilo cubano son espesos, refrescantes y revitalizantes.

Un batido cubano que es realmente singular es el batido de trigo. No contiene frutas, sino trigo inflado. Esto le puede parecer extraño a algunas personas, pero es el tipo de trigo que se usa en el cereal. El batido queda dulce, espeso, y llena mucho. Pruébelo; se sorprenderá al ver qué bueno es.

—Emilio

❦

BATIDO DE MAMEY

Batido de mamey

**1 taza de mamey fresco,
pelado y cortado en trozos**

2 tazas de leche

**4 cucharadas de azúcar granulada
o extra fina**

1 a 2 tazas de hielo, a gusto

1. Coloque todos los ingredientes, excepto el hielo, en una batidora y bátalos bien. Agregue hielo a gusto y bata todo hasta que la mezcla quede homogénea.

2. ¡Sírvalo y disfrútelo!

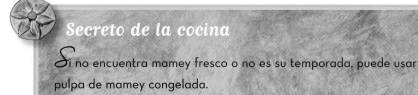

Secreto de la cocina

Si no encuentra mamey fresco o no es su temporada, puede usar pulpa de mamey congelada.

Batido de papaya

1 taza de papaya fresca, pelada y cortada en trozos

2 tazas de leche

4 cucharadas de azúcar granulada o extra fina

1 a 2 tazas de hielo, al gusto

1. Coloque todos los ingredientes, excepto el hielo, en una batidora y bátalos bien. Agregue hielo a gusto y bata todo hasta que la mezcla quede homogénea.

2. ¡Sírvalo y disfrútelo!

Secreto de la cocina

Si no encuentra papaya fresca o no es su temporada, puede usar pulpa de papaya congelada.

BATIDO DE TRIGO

Batido de trigo

2 tazas de trigo inflado sin edulcorantes

2 tazas de leche

4 cucharadas de azúcar granulada o extra fina

1 a 2 tazas de hielo, a gusto

1. Coloque todos los ingredientes, excepto el hielo, en una batidora y bátalos bien. Agregue hielo al gusto y bata todo hasta que la mezcla quede homogénea.

2. ¡Sírvalo y disfrútelo!

Café cubano, cortadito y café con leche

L os cubanos nos tomamos el café en serio; de hecho, es difícil imaginarse un día sin café.

No hay nada tan cubano como el café cubano. Comenzamos las mañanas con él, terminamos las comidas con él y damos cuenta de algunas tazas a lo largo del día. Nuestros niños se acostumbran a mojar sus chupetes en su espuma azucarada desde que son pequeños. Y un desayuno típico cubano consiste en tomar un pan cubano recién horneado, untar grandes rebanadas con mantequilla, y luego sumergir los pedazos en una mezcla dulce de leche y café, que llamamos café con leche, de la misma forma que lo harían los estadounidenses con sus rosquillas.

Algunos prefieren el cortadito, una mezcla espesa y dulce de leche evaporada y café. A mí me gusta el original: un trago pequeño, fuerte y con poca azúcar. No puedo empezar mi día sin él.

Sea como sea que le guste, el café cubano le dará el verdadero gusto de nuestras tradiciones.

—Emilio

Café cubano

café de tostado oscuro
(molido para cafetera espresso)

agua

4 cucharadas de azúcar granulada

1. Llene con agua la cámara inferior de una cafetera tipo espresso, con capacidad para 6 tazas. Llene el filtro con café de tostado oscuro. (El filtro debe llenarse de manera compacta, use una cuchara o una taza de medir para comprimir el polvo.)

2. Fije la cámara superior según las instrucciones del fabricante, debe quedar bien ajustada.

3. Eche el azúcar en una taza de medir de cristal, de 2 tazas de capacidad como mínimo.

4. Ponga la cafetera en la hornilla, a fuego mediano y levántele la tapa. Tendrá que esperar al lado del fogón durante los siguientes 4 o 5 minutos, para observar cuándo empiecen a salir las primeras gotas del café colado.

5. Tan pronto caigan las primeras gotas de café en la cámara superior, vierta un poquito de este "primer" café sobre el azúcar, vuelva a poner la cafetera al fuego y baje la temperatura a la graduación baja.

6. Bata enérgicamente el azúcar y el café con una cuchara, hasta obtener una crema espesa y espumosa. Si virtió demasiado café en la taza de medir, le será imposible alcanzar la consistencia necesaria, por lo que debe sacar una parte del azúcar "aguada" (1 cucharada a la vez) y agregar más azúcar granulada (1 cucharada a la vez).

7. Cuando el café haya terminado de colarse, viértalo sobre la crema de azúcar y revuelva suavemente con una cuchara, hasta que la espuma azucarada haya subido completamente a la superficie.

8. Vierta un trago (1 ½ onzas por trago aproximadamente) de café en cada una de las 6 tazas tipo espresso y sírvalo caliente.

Cortadito

café cubano (ver la receta anterior)   **1 lata de leche evaporada, de 12 oz.**

1. Mientras cuela el café, caliente en una olla mediana el contenido de 1 lata de leche evaporada, a fuego lento. Permanezca al lado del fogón, para asegurarse de que la leche no se queme ni se derrame.

2. Retire la olla del fuego tan pronto la leche comience a hervir.

3. Con un colador, vierta de 1½ a 2 onzas de la leche caliente en cada una de las 6 u 8 tazas.

4. Viértale un trago de café, de modo que tenga leche evaporada y café a partes iguales.

5. Revuelva suavemente y sirva caliente.

Café con leche

café cubano (ver la receta arriba)   **azúcar, a gusto**
6 tazas de leche entera

1. Mientras cuela el café, caliente las 6 tazas de leche entera en una olla entre mediana y grande, a fuego lento. Permanezca al lado del fogón, para asegurarse de que la leche no se queme ni se derrame.

2. Retire la olla del fuego tan pronto la leche comience a hervir.

3. Con un colador, vierta 1 taza de leche caliente en cada uno de 6 tazones para café.

4. Viértale un trago de café cubano.

5. Revuelva suavemente y sirva caliente. Échele azúcar a gusto.

Agradecimientos

—◦∞◦—

DESEAMOS EXPRESAR NUESTRO agradecimiento a quienes hicieron posible este libro, así como a nuestros fieles seguidores, que nos estimulan para seguir escribiendo y creando. Hay algunas personas cuyo amor por la cultura y la cocina cubanas fue un ingrediente clave para sacar este recetario a la luz

Gio Alma	Raymond Garcia	Moris Moreno
Frank Amadeo	Roberto Gonzalez, Jr.	David Naranjo
Ricardo Dopico	Leyla Leeming	David Rodriguez
Caridad De Diego	Miriam Peña	Kim Suarez
Gloria Fajardo	Christian Marin	Mauricio Zeilic
	Mark Morales	

Pero más importante que todo, deseamos rendir homenaje a nuestros padres y abuelos por sacrificar sus sueños para que nosotros pudiéramos ir en pos de los nuestros.

—*Emilio and Gloria Estefan*

245